DE

LA MORALE

AVANT

LES PHILOSOPHES

Thèse présentée à la Faculté des lettres de Paris

PAR

LOUIS MÉNARD

PARIS

TYPOGRAPHIE DE FIRMIN DIDOT FRÈRES, FILS ET C.ⁱᵉ

IMPRIMEURS DE L'INSTITUT, RUE JACOB, 56.

1860

A Ma Mère.

INTRODUCTION

Morale populaire antérieure à la philosophie; on peut la retrouver dans les traditions religieuses, les légendes héroïques et les législations. — Les poetes, premiers historiens et premiers théologiens de la Grèce. — Les philosophes, après avoir attaqué la mythologie, la transforment. — Nécessité de rendre à chaque époque et à chaque doctrine ce qui lui appartient.

Dans la morale comme dans l'art, la pratique devance la théorie. Il y a une morale instinctive antérieure à la morale raisonnée des philosophes, comme la poésie est antérieure à la poétique. Dans l'œuvre d'un législateur ou d'un sage, la plus grande et presque toujours la meilleure part est empruntée au patrimoine de tous. Pour retrouver chez un peuple ce fonds commun de morale primitive, il faut interroger successivement sa religion, son histoire et ses lois.

La religion, en effet, relie tous les êtres dans une conception générale, et la morale, qui règle les rapports des hommes, a sa place dans la religion, comme l'homme a sa place dans l'ensemble du monde. Les principes qui se révèlent dans la conscience des peuples sont traduits en actes longtemps avant d'être énoncés en maximes, et si la légende, qui tient lieu d'histoire aux sociétés naissantes, ne donne pas le récit exact des faits, elle présente du moins le tableau réel des mœurs. Enfin, les lois ne sont, en général, que la consécration des usages. On peut donc connaître la morale d'un peuple par ses croyances, ses légendes et sa législation; et si les résultats de cette triple étude sont identiques, ils représentent réellement le degré de moralité de ce peuple et déterminent son rang parmi les races humaines; car les peuples, comme les individus, selon l'emploi qu'ils ont fait de leurs facultés natives, méritent le blâme de l'histoire ou la reconnaissance de l'humanité.

Un intérêt particulier et presque filial s'attache pour nous aux traditions helléniques. La Grèce est la terre sainte des nations indo-européennes; nous lui devons nos arts, nos sciences, nos lois; il n'y a aujourd'hui de vie morale et intellectuelle que là où son souffle a passé, et ses traditions, bien que rejetées depuis des siècles, n'en sont pas moins les vénérables archives de notre race, et nous ne devons les étudier qu'avec le respect d'un fils pour le testament de son père. Mais les religions sont des ensembles de symboles, c'est-à-dire d'idées exprimées par des formes concrètes. Aux époques de révélation religieuse, le dogme est inséparable du mythe, une liaison intime unit le signe à la chose signifiée. Pour traduire les mythes en langue moderne, il faut faire un dédoublement dont le génie synthétique des peuples primitifs n'avait pas besoin ; il faut, par un travail d'analyse, séparer la pensée de la forme, tout en se souvenant qu'elles se confondaient à l'origine dans une indivisible unité. De plus, la plupart des mythes sont complexes et peuvent recevoir plusieurs interprétations ; on ne peut jamais se flatter d'avoir trouvé le dernier mot des symboles. A mesure que les télescopes se perfectionnent, on découvre de nouveaux astres : il en est ainsi dans le ciel intellectuel ; les dogmes religieux sont profonds comme l'infini.

Cette nécessité d'interpréter les hiéroglyphes des vieux âges se fait surtout sentir pour la religion grecque, en raison même de son origine. La Grèce n'eut jamais de théocratie ; les prêtres n'y formaient pas un corps politique et n'étaient pas les instituteurs du peuple. C'étaient les poëtes, les chanteurs, qui donnaient une forme aux croyances religieuses et aux traditions populaires. Malheureusement les monuments de cette poésie primitive, qui devaient correspondre aux Védas de l'Inde, nous manquent pour la Grèce, et rien ne nous est parvenu d'antérieur aux poëmes d'Homère et d'Hésiode. Mais la fraternité des races indo-européennes, démontrée par l'analogie des langues, est confirmée par celle des traditions, et cette double analogie prouve, non pas un système d'emprunts ni un rapport de filiation, mais une communauté d'origine; et comme les Védas appartiennent à une civilisation beaucoup plus près de sa naissance que les épopées helléniques, on peut deviner quel était le caractère général des mythes grecs avant Homère, en comparant la pensée très-claire des premières poésies religieuses de l'Inde aux symboles correspondants, mais plus voilés par l'anthropomorphisme de la Grèce héroïque.

Nous aurons à étudier les conséquences morales de cet anthropomorphisme, qui est le caractère dominant de la religion grecque et qui fut surtout l'œuvre de l'épopée. A mesure qu'à côté des hymnes sacrés les Aœdes chantaient les légendes héroïques de la Grèce, les Dieux se mêlèrent aux héros et en prirent le caractère; les héros devinrent presque des Dieux. Le nom d'Homère résume cette période de la poésie hellénique, et tient peut-être autant de place dans la civilisation du peuple grec que le nom de Moïse dans celle du peuple hébreu. Les poëmes homériques, qui restent après trois mille ans l'œuvre la plus admirable de la poésie humaine, sont aussi les plus respectables monuments auxquels nous puissions avoir recours pour nous faire une idée des mœurs primitives et des anciennes croyances de la Grèce. Ils étaient précieux pour les Grecs à un autre titre ; comme la guerre de Troie fut le premier effort collectif de leur nationalité, les poëmes d'Homère réunissaient pour la première fois leurs traditions éparses. Chaque ville y cherchait ses titres de noblesse ; les Dieux nationaux de tous ces petits peuples se rencontrent dans les poëmes, comme leurs héros sous les murs de Troie. Le panthéon hellénique s'y constitue d'une manière un peu désordonnée ; mais ce désordre ne choquait pas les Grecs : la hiérarchie indécise de l'Olympe convenait aux habitudes de leur vie politique.

Hésiode ordonne les conceptions religieuses de la Grèce dans l'harmonieuse unité de la *Théogonie*, comme les législateurs règlent la forme politique des cités. Pas plus qu'Homère, il n'interprète les dogmes ; il les expose dans la langue d'un poëte et d'un hiérophante ; en même temps, il prépare l'œuvre réfléchie de la philosophie par le poëme didactique et moral des *Travaux et Jours*. A cette forme nouvelle de la poésie grecque se rattachent les chants guerriers de Tyrtée et les sentences de Théognis, de Solon et des autres poëtes gnomiques, dont malheureusement il ne nous reste que de bien courts fragments. La poésie poursuit l'initiation morale des peuples, non plus par des exemples, comme dans l'épopée, mais par des préceptes et des sentences. En Grèce, les poètes ne sont pas des rêveurs solitaires, encore moins des parasites de cour ; ils se mêlent à la vie active dans les luttes pour la conquête et la défense du droit ; la direction des esprits leur appartient, et c'est le cœur de la patrie qui bat dans leur poitrine.

Enfin la morale populaire prend un corps dans l'œuvre des législateurs. Nous étudierons les législations de Lycurgue et de Solon, les seules qui soient bien connues ; mais chacun des États de la Grèce avait la sienne. Dès que l'usage de l'écriture commence à se répandre, on voit partout des Codes de lois écrites donner une forme définitive aux institutions nationales. Partout des législateurs au berceau des républiques, et l'idée si nouvelle dans le monde de la souveraineté de la loi. Partout les luttes fortifiantes de la palestre ; la Grèce n'est qu'un gymnase avec son peuple de robustes athlètes. Elle se constitue selon son tempérament ; active et créatrice, elle traduit son idéal de beauté par l'art, son idéal de justice par la cité. Le polythéisme porte ses fruits, et chaque ville, ou plutôt chaque commune, entretient ses légitimes prétentions à une vie politique indépendante par le culte patriotique des Dieux nationaux et des Héros protecteurs des cités. Le sacerdoce n'est pas une caste séparée du reste de la nation ; le culte est mêlé à la vie des peuples dans des fêtes à la fois nationales et religieuses. Jamais la terre ne sembla si près du ciel; les Dieux vivent au milieu des hommes, leurs statues et leurs temples de marbre couvrent le sol de la Grèce. Où le siècle de Périclès trouva-t-il le moule divin de ses statues? Où le siècle d'Homère et d'Hésiode avait-il trouvé ses sublimes conceptions épiques et les merveilleuses légendes de sa mythologie? Comment le siècle des législateurs a-t-il pu imaginer, dès le début, ces savantes constitutions politiques qui offrent autant de garanties à l'ordre qu'à la liberté? En Grèce, de quelque côté qu'on regarde, on se sent inondé de lumière.

Mais la philosophie détrôna les Dieux du peuple, les Dieux humains des sculpteurs et des poëtes; fille de la poésie, elle blasphéma sa mère. On dit que Pythagore vit les âmes d'Homère et d'Hésiode punies chez Aïdès pour ce qu'ils avaient raconté des Dieux; mais quelle peine méritaient les philosophes qui ébranlaient la religion de leur patrie? Sans doute leur châtiment dut être de comparer, des demeures de l'Invisible, les héros des guerres médiques avec les Grecs abâtardis d'Alexandrie et de Byzance. Les philosophes auraient peut-être accepté la pensée des symboles du polythéisme, mais ils n'en pouvaient supporter l'expression poétique. Il reste à savoir si, lorsqu'on remplace la religion par la philosophie, les idées gagnent en précision autant qu'elles perdent en beauté poétique. Jamais une formule scientifique n'a fourni de types à l'art. Quand les peuples, rejetant l'enveloppe du symbole, ne traduisent plus leur idéal que dans la langue abstraite du rationalisme, que devient la pauvre poésie? Elle descend dans le tombeau des Dieux avec tout ce que l'homme a aimé, avec tous les rêves sacrés de la jeunesse du monde

Au reste, la philosophie elle-même reconnut plus tard l'action prépondérante des formes religieuses sur l'esprit des peuples. Elle comprit que la flexibilité même des symboles est précisément ce qui leur assure une influence si générale et si durable. Cette langue mystérieuse des religions est la seule qui soit accessible à toutes les intelligences. Comme ce prophète juif qui, pour ressusciter un enfant, se couche sur lui et se rapetisse jusqu'à sa taille, la religion parle au simple comme au sage et se proportionne à l'âge et au caractère des peuples. Cet idéal que les rêves de l'homme poursuivent dans les profondeurs de l'inconnu, les poëtes l'avaient revêtu de formes vivantes et palpables. Sous ces formes les philosophes retrouvèrent ou crurent retrouver leurs systèmes, et, aux siècles crépusculaires de l'histoire, quand les dernières lueurs de la civilisation allaient disparaître dans le ciel du vieux monde, ils se retirèrent dans les temples, comme aux approches de la mort la vie se retire vers le cœur.

Dans l'herméneutique comme dans la morale, les Stoïciens furent ceux qui se rapprochèrent le plus de la pensée des anciens âges. Mais en général l'alliance de la philosophie altéra profondément la religion nationale, qui se compliqua d'opinions pythagoriciennes ou platoniciennes, et d'une foule de traditions empruntées à la Phrygie, à la Syrie et à l'Égypte. Les dogmes de l'Asie vaincue débordèrent sur l'Occident et vinrent peupler l'Olympe, d'où la Grèce avait banni ses Dieux à la même heure où elle perdait sa liberté. Les mystères orphiques, qui représentent cette confusion générale des idées, finirent par absorber toute la mythologie dans la vague unité du panthéisme. La morale philosophique, même sous la forme la plus élevée, le Stoïcisme, est une morale individuelle et passive, qui remplace l'antique énergie de l'action par une résignation indifférente ; la morale des poëtes et des législateurs était une morale active et sociale ; l'histoire dit assez laquelle fut la plus efficace.

La critique doit rendre à chaque époque et à chaque doctrine ce qui lui appartient. Il faut éviter également de substituer le mysticisme subtil des néo-platoniciens à la pensée large des anciens mythes, et d'attribuer à la philosophie la croyance à l'immortalité de l'âme, dont les Grecs n'avaient jamais douté, qui formait un des thèmes favoris de leur vieille poésie épique, et qui avait produit le culte des

Héros et des ancêtres. Aux derniers jours de la maturité des peuples, à la veille de leur vieillesse, la pensée, se repliant sur elle-même, évoque ses souvenirs et fait l'examen de conscience du passé. Ce travail réfléchi, fruit de méditations solitaires, donne aux idées une empreinte personnelle qu'elles ne pouvaient avoir lorsqu'elles vivaient sans forme déterminée dans la conscience populaire, et c'est ce caractère individuel des préceptes et des sentences qui nous fait attribuer aux philosophes la révélation des idées morales. Mais bien des vérités qu'on serait tenté de croire récentes se retrouvent sous une forme plus poétique et plus belle au fond des vieux sanctuaires. Pour y pénétrer, il faut s'accoutumer à la langue symbolique de la haute antiquité, il faut se laisser initier par la poésie au sentiment de l'activité intime et divine de la nature, et s'abreuver comme l'humanité primitive à cette fontaine de Jouvence de la vie universelle.

Le polythéisme grec est aussi éloigné des mœurs de l'Europe moderne par le fond que par la forme. On ne se figure pas sans effort une religion sans église et sans livres sacrés, où le dogme, éclos spontanément dans la pensée populaire, était livré dans son expression à la fantaisie arbitraire des poëtes, les premiers théologiens de l'Hellénisme, et dans son interprétation, aux systèmes des philosophes, qui en furent les derniers hiérophantes; une religion mobile, et variant d'une commune à l'autre, où le culte, réglé par l'État, c'est-à-dire par le peuple, puisque la Grèce fut toujours républicaine, consistait en sacrifices, en luttes gymniques, et souvent en représentations scéniques dans lesquelles les Dieux jouaient un rôle, et permettaient aux poëtes comiques de rire à leurs dépens sans le moindre soupçon d'impiété. Pour juger une religion si opposée à toutes nos habitudes, et pour lui rendre la justice à laquelle a droit toute pensée qui a fait vivre l'humanité pendant des siècles, il faut non-seulement en étudier consciencieusement l'esprit, mais encore en observer les résultats. L'histoire nous les montre dans l'art grec, fruit naturel de la religion de la beauté, et dans ces constitutions où toutes les formes de la liberté furent essayées et pratiquées, dans ces sévères principes de morale sociale qui produisirent de si grands hommes, et, ce qui est plus encore, de si grands peuples.

Mais ni un homme ni un peuple ne peut réaliser complétement son idéal. Après avoir essayé d'indiquer les idées morales qui découlent de la religion des Grecs, nous aurons à chercher par quelle série d'efforts ils tendirent vers le but marqué. En admirant ces efforts, nous ne chercherons pas à dissimuler leurs fautes; on voudrait les oublier, comme Sem et Japhet jetèrent un manteau sur l'ivresse de leur père, mais l'histoire ne serait plus un enseignement si elle donnait trop au respect et à la reconnaissance. D'ailleurs, s'il n'y avait pas un peu d'ombre pour tant de lumière, si la Grèce n'avait pas ses erreurs comme tous les autres peuples, la comparaison serait trop humiliante pour le reste du monde, et le découragement arrêterait l'émulation.

DE LA MORALE

AVANT LES PHILOSOPHES

CHAPITRE PREMIER

DE LA NATURE DES DIEUX, DU CULTE DES HÉROS ET DE L'IMMORTALITÉ DE L'AME

Premières notions religieuses des Grecs. — Pourquoi ils ont donné aux Dieux des attributs humains. — Caractères généraux du polythéisme hellénique ; pluralité des causes ; les Dieux et les Titans, les Forces domptées par les Lois. — Aspects multiples des mythes ; exemples. — Les Demidieux et les Héros ; conséquences morales de leur culte. — L'immortalité de l'âme dans les poètes épiques ; sanction religieuse de la loi morale.

S'il est une étude qui mérite d'être abordée avec une attention respectueuse, c'est celle des religions : toutes les civilisations sont nées à l'ombre des temples, et on ne saurait sans ingratitude et sans impiété blasphémer les formes premières de l'idéal humain. La vérité ne se révèle pas à l'homme d'une manière uniforme ; comme dix artistes de génie, devant le même modèle, peuvent faire dix œuvres admirables et pourtant différentes, ainsi l'idéal religieux se traduit par des formes multiples, appropriées au génie des différentes races chez qui et par qui il se révèle. La pensée des peuples primitifs est comme un métal en fusion ; le monde extérieur lui sert de moule et marque d'une empreinte indélébile leur religion, leur langue, leurs mœurs et leurs lois. La religion est l'expression spontanée de cette pensée ; elle traduit fidèlement leurs premières sensations et leurs premières idées, se développe, se transforme et s'altère avec eux.

Telle race est née aux confins de la terre des monstres, le long du grand fleuve d'Égypte, d'où elle entend les rugissements des lions. Étonnée et inquiète devant cette puissante et mystérieuse nature qui la domine et la menace, pénétrée de respect et de terreur en face de cette énergie redoutable et infaillible, elle en adore toutes les formes, bienfaisantes ou funestes, elle bénit les unes, elle voudrait conjurer les autres, et elle élève ses temples de granit au crocodile comme au fleuve sacré qui la féconde. Une autre race a grandi dans les déserts de sable, sous le ciel d'Arabie, profond, sans nuages, toujours le même. Qu'est-ce que l'homme dans l'espace sans limites ? un grain de poussière. Qu'est-il dans l'infini du temps ? il plante sa tente un jour, et le vent balaye sa trace. Une force immense, immuable, l'Être unique, l'enveloppe et l'étreint de toutes parts ; sa première et sa dernière parole est un hymne de l'infinie petitesse à l'infinie grandeur.

Une autre race encore s'éveille sur les hauteurs, aux premières lueurs du matin ; les yeux au ciel, elle suit pas à pas la marche de l'aurore, elle s'enivre de ce mobile et merveilleux spectacle du jour naissant, elle mêle une note humaine à cette immense symphonie, un chant d'admiration, de reconnaissance et d'amour : c'est la race pure des Aryas ; leur première langue est la poésie ; leurs premiers Dieux, les aspects changeants du jour, les formes multiples de la sainte lumière. Sur les sommets sublimes, ils se sentent trop près du ciel pour être écrasés par sa grandeur ; baignés dans l'éther calme, nourris de la fraîche rosée des montagnes, entourés de nuages d'or, ils vivent avec les Dieux.

La forte race grandit sous les célestes influences ; une voix mystérieuse lui dit que ce vaste monde qui s'étend sous ses pieds lui appartient. L'audace et la curiosité vagabonde qui pousse l'oiseau hors du nid entraîne les peuples adolescents loin du berceau commun. L'un d'eux, fut-ce l'aîné, on l'ignore, mais sans doute le plus fort et le plus beau des enfants de la lumière, prend possession de cette terre bénie, qui fut depuis la Grèce. Sous un ciel clair où les nuages blancs semblent des éclats de marbre, au milieu d'une mer semée d'îles, s'étend ce petit pays, hérissé de montagnes et de rochers sculptés, coupé de ruisseaux, pénétré de golfes sinueux, bordé de côtes anguleuses, de promontoires aux arêtes vives. Des lignes nettes, de purs horizons, des contours simples dans leur infinie variété, des formes à la fois sévères et gracieuses, qu'on admire sans effroi. Nulle part de ces immensités qui humilient la pensée. En Grèce, il n'y a de grand que l'homme; la nature se proportionne à sa taille, et forme le fond du tableau dont il occupe toujours le premier plan. C'est là que grandit, pour la gloire et le bonheur de l'espèce humaine, ce peuple artiste et poëte qui s'éleva à la connaissance de la justice par le culte de la beauté.

Cette terre était-elle déjà habitée par d'autres peuples? on ne saurait le dire, mais la nature n'est jamais déserte pour la jeunesse et la poésie. Sur le sol de sa conquête, le clair et profond regard de la race hellénique eut bientôt découvert tout un peuple de Dieux : les fleuves majestueux et paisibles sont couchés comme des rois dans les vallées; les eaux vives, les sources limpides, filles du ciel, dansent en chantant dans les prairies, comme un essaim de jeunes filles : c'est l'innombrable famille des Nymphes, qui habitent les gorges profondes et les montagnes couvertes de forêts; les Muses chanteuses, qui réjouissent l'immense éther de leur mélodieux murmure; les fontaines inspiratrices, qui, dans les grottes secrètes de l'Hélicon et du Pinde, enseignent aux hommes les divines cadences. D'autres, les filles de la mer, les vagues sans nombre, passent et repassent, blanches comme des flocons d'écume, et se jouent sur les rivages sonores, et plongent dans les gouffres bleus peuplés de monstres étranges, de vivants prodiges, enfants de Kèto, de Phorkys, de Thaumas. D'autres encore, les filles du soir, sont assises autour du géant qui porte le pôle, dans leur merveilleux jardin aux pommes d'or.

Toute cette charmante mythologie des Nymphes, qui tient tant de place dans la religion primitive de la Grèce, révèle, sous les formes de la plus gracieuse poésie, un sentiment profond de la vie universelle. Une communion perpétuelle existe entre l'homme et la nature; il l'interroge et elle lui répond. La vie animale est représentée dans la mythologie par la race des Satyres, le cheval Arion, les Centaures et tant d'autres êtres fantastiques unis par une communauté d'origine avec les hommes et les dieux. La hiérarchie est indécise; il n'y a ni maîtres ni esclaves dans cette grande famille de l'univers; rien que des frères, inégaux sans doute, mais indépendants. Cette conception républicaine du monde contient en germe la pensée qui servira de base à toute la morale sociale des Grecs, l'ordre dans la liberté.

Les légendes du polythéisme s'enchevêtrent comme les lianes d'une forêt vierge; cette complication convenait au caractère essentiellement fédéraliste de la race hellénique. Chez les peuples modernes, la vie intellectuelle est concentrée sur quelques points d'un vaste territoire; en Grèce, elle circulait librement dans les veines de la nation. Tous ces petits peuples, sortis d'une souche commune, différaient entre eux comme des frères dans une même famille, famille sans droit d'aînesse, frères à peu près égaux en force et assez querelleurs, c'est le caractère de la jeunesse, mais qui pourtant savaient au besoin se réunir contre un ennemi commun. La même tradition, transportée sur divers points du sol grec, y prend souvent des formes très-différentes, et comme, à cette époque primitive, les migrations sont presque incessantes, les cultes se superposent et se mêlent comme les races, et chaque canton a sa mythologie. Mais rien n'autorise à croire que ces différences aient jamais entraîné de luttes religieuses; le principe même du polythéisme exclut l'intolérance et la proscription. Dans l'immense panthéon de la Grèce, il y a place pour tous les Dieux, comme dans la nature tous les êtres ont leur part de vie et de soleil.

Des amis sincères de l'antiquité ont essayé de la rendre agréable à leurs contemporains en cherchant un fond de monothéisme dans la mythologie grecque. C'est méconnaître les caractères distinctifs des races; comme leur grammaire et leur langue, leur religion porte l'empreinte de leur génie et de leur tempérament particulier. Si on ne connaissait ni la religion des Juifs ni celle des Hellènes, en comparant la poésie hébraïque, si sobre d'adjectifs, avec la prodigieuse richesse d'épithètes de la langue d'Homère, on pourrait deviner que la première est dominée par l'idée de la substance et de l'unité, la seconde par celle de la diversité et de la forme. Expression des qualités spéciales des choses, ou plutôt des personnes, car tout est vivant pour la poésie, la forme les limite, les précise, les sépare. La religion grecque ne se confond pas plus avec le panthéisme qu'avec le monothéisme; la confusion n'eut lieu que dans la période alexandrine, sous l'influence des idées orphiques et orientales. Tant que l'hellénisme conserva son originalité, il n'admit ni un Dieu au dessus de la nature, ni un Dieu confondu avec elle; le monde lui apparaissait comme une vaste cité, comme un ensemble d'êtres différents et vivant chacun de sa vie personnelle et indépendante. Frappée dès l'origine des aspects variés de ce monde harmonieux qui l'environne, la race grecque perçoit surtout les différences, les caractères propres et distinctifs des objets, et les désigne par les mots qui traduisent leur manière d'être.

Par exemple le Soleil est pour elle le Brillant, l'Éclatant, le Brûlant (δῆλιος, φοῖβος, φαέθων), Celui qui marche au-dessus de nos têtes, le Dieu à la course oblique (ὑπερίων, λοξίας). L'idée de lumière conduit à celle d'un long regard qui plonge en avant,

qui éclaire l'avenir; c'est le devin, le Dieu-prophète;
il explique ce que la nuit laissait d'obscur; c'est
l'interprète des songes, Celui qui chasse les terreurs
nocturnes, les ténèbres, les maladies (ἀπόλλων,
ἀλεξίκακος). De là, l'image d'un chasseur qui lance au
loin ses flèches, d'un guerrier au glaive d'or (ἕκατος,
ἐκηβόλος, χρυσάωρ); c'est lui qui dissipe les nuages,
qui dessèche les marais, hydres aux cent têtes, dra-
gons à l'haleine empoisonnée. Puis, après sa rude
journée, ce héros du ciel, la Gloire de l'air, ἡρα-
κλῆς, luttant contre la mort, déchire son sanglant
vêtement de nuages, et disparaît sur le sommet de
l'OEta dans un immense bûcher. D'autres fois, le
soleil couchant, Ἐνδυμίων, est le berger divin qui
ramène son troupeau de nuages roses, et s'endort
dans la nuit, dans la caverne du Latmos, pendant
que du haut du ciel la brillante Sélènè se penche
vers lui et le regarde avec amour. Des images du
même genre représentent les divers aspects de la
lune, et peu à peu toutes ces métaphores deviennent des personnifications distinctes : Hypérion,
c'est la force d'ascension des astres; Phoïbè, leur
éclat; Théia, le principe de leurs courses dans l'espace.

La pensée spiritualiste des Grecs ne s'arrête pas
à l'adoration d'un objet particulier, si grand et si
beau qu'il soit. Toujours, sous les apparences mobiles des choses, ils en devinent les principes ca-

chés, mais ces principes leur semblent multiples, parce que les phénomènes qui les manifestent sont différents. Cette infinie variété est produite à leurs yeux par la lutte ou l'union des contraires; il n'y a pas pour eux de cause première ni de création proprement dite, mais une génération perpétuelle: tout mouvement est la résultante de deux forces, tout effet dérive de deux causes, toute conclusion se déduit de deux prémisses. La Théogonie reproduit avec mille variantes ce dualisme éternel, à la fois sous la forme que lui donnèrent les Mazdéens et la plupart des écoles philosophiques, dualisme du bien et du mal, des ténèbres et de la lumière, de la vie et de la mort, de l'attraction et de la répulsion, de l'être et du vide, et, sous la forme plus concrète qu'il revêtit chez les Égyptiens et les Assyriens, dualisme de la femelle et du mâle, de la terre et du ciel, de la matière et de l'esprit.

De deux principes primordiaux, la substance et l'espace, Gaïa et Ouranos, naissent les forces élémentaires, les Titans, qui répondent aux Adytias védiques. Ce sont les qualités premières, les essences générales des êtres, manifestées par les apparences. Pour le panthéisme, ces vertus diverses ne sont que des adjectifs, les attributs de la substance unique; pour les Grecs ce sont des forces réelles, causes originelles de la vie des êtres, car les êtres n'existent que par les qualités qui les déterminent, qui permettent de les distinguer et de les nommer. Aussi, dans Homère et dans Hésiode, les Titans sont-ils appelés les ancêtres des hommes et des Dieux. De leurs unions, en effet, naît une génération nouvelle, plus déterminée, plus finie dans le sens grec, c'est-à-dire plus parfaite; à cette période logique, car il s'agit moins ici d'une succession dans le temps que d'une classification dans les idées, appartiennent à la fois et les lois modératrices, les Dieux, et les types généraux des espèces vivantes et en particulier de l'espèce humaine. Nés de deux couples jumeaux de la famille des Titans, les Dieux et les hommes ont la même origine, selon le mot d'Hésiode; l'homme est un Dieu mortel, diront plus tard les Stoïciens.

Comment la Grèce a-t-elle été amenée à admettre cette idée, qui semble si étrangement orgueilleuse au point de vue des autres religions? Quel attribut est commun à l'homme et aux principes éternels du monde; est-ce la puissance? Mais celle des éléments nous domine et nous écrase, et, même parmi les êtres plus voisins de nous par leur nature, il en est, le lion, par exemple, dont la force est bien supérieure à la nôtre. Mais l'homme se sent une force intelligente, une cause libre, une loi qui se connaît elle-même. Il s'affirme devant la nature, il trouve son idéal en lui-même. Cet idéal, qui est la loi, se révèle aux sens par les harmonieuses proportions du corps humain, à l'esprit par la conscience du droit. Regardant autour de lui, il retrouve cet idéal dans l'ordre et la beauté du monde; et au lieu de voir dans la nature des choses inertes, il y voit des personnes libres et indépendantes; au lieu d'y voir des forces aveugles, il y voit des lois vivantes : ces lois sont les Dieux : « Les anciens Grecs ne savaient pas leurs noms, dit Hérodote, mais ils les appelaient Lois (θεούς), à cause de l'ordre qu'ils ont établi dans l'univers. » Mais les lois du monde, l'homme ne peut que les deviner; la sienne lui apparaît avec l'évidence d'un axiome, et il conçoit les Dieux à son image, parce qu'il a trouvé en lui le premier modèle de la liberté, de l'intelligence et de la loi. Cet idéal qui est en lui, il en revêt ses Dieux comme d'une pourpre splendide. Hélène offrait dans un temple une coupe taillée sur le modèle de son sein. Si la Grèce prête aux Dieux la forme humaine, c'est, dit Phidias, parce qu'on n'en connaît pas de plus belle; si elle leur attribue les qualités de l'homme, c'est que, selon le mot d'Hésiode, seul de tous les animaux, l'homme connaît la justice.

Cette conception particulière à la Grèce rend tout à fait secondaire la question tant controversée de l'autochthonie de la religion hellénique. Les Dieux de la Grèce sont-ils empruntés à l'Égypte, à la Phrygie, à la Phénicie? Zeus est-il le Jéhovah des Juifs? ou, comme on l'admet aujourd'hui, faut-il chercher les origines du polythéisme grec seulement dans les traditions communes aux races indo-européennes? Qu'importe, si la notion des Dieux en Grèce est radicalement différente de ce qu'elle a été chez tous les autres peuples; si, au lieu de chercher l'élément divin dans la nature, comme les Égyptiens, au-dessus d'elle comme les Perses, la Grèce le trouve dans l'homme? Une transformation si complète de l'idée première équivaut à une création. Cette transformation, qui marque le passage de l'enfance de l'humanité à sa jeunesse, s'exprime dans la mythologie grecque par la victoire des Dieux sur les Titans; les Forces sont domptées par les Lois; lois d'ordre et d'harmonie, qui se traduisent dans le monde moral par la justice, dans le monde physique par la beauté. Les puissances tumultueuses qui troublaient la paix du monde sont enchaînées dans le ténébreux tartare; les Dieux de la lumière se partagent équitablement leurs fonctions indépendantes. Chaque être, chaque citoyen de cette immense république de la nature a sa loi en lui-même, le plus humble comme le plus grand, l'homme comme les Dieux, et du mutuel accord de ces lois vivantes résulte cette divine et éternelle symphonie de l'univers que les Grecs appelaient *Cosmos*.

On a cru voir dans la guerre des Dieux et des Titans le souvenir d'une lutte entre la race hellénique et d'autres peuples qui l'auraient précédée sur le sol de la Grèce. On manque de preuves pour affirmer que cette idée soit vraie historiquement, mais elle est philosophiquement vraie. Les barbares n'adorent que les Titans, c'est-à-dire les forces élémentaires ; la Grèce adore ces Lois éternelles qui sont la vie de tous les êtres, et qu'il appartient à la conscience humaine de connaître et de nommer. Le peuple qui enseigna au monde l'idée du droit dans la morale, l'idée de la beauté dans l'art, pouvait sans orgueil rêver ses Dieux à son image. Cette expression humaine des lois divines, qui est le caractère spécial de l'hellénisme, donne la clef de l'herméneutique, et permet de comprendre la nature complexe des mythes grecs. Car les types divins ne sont pas de simples allégories : ils ont un corps, la légende poétique, exprimant par des images empruntées à la vie humaine l'action régulière des principes naturels, l'enchaînement des causes, la diversité des mouvements ; ils ont une âme, une vie propre, des attributs multiples, physique, métaphysique et moral ; ce sont des personnes, des causes libres, et chacun d'eux, comme l'homme, porte en lui-même sa loi, qu'il connaît et qu'il suit volontairement.

Ainsi, dans sa manifestation physique, Zeus est l'éther lumineux qui nourrit tous les êtres, féconde la terre et prend mille formes pour reproduire la vie ; dans son acception métaphysique, il est l'ordre et l'harmonie générale de l'univers ; enfin, sous son aspect moral, il est le lien des sociétés humaines, le principe de la justice, le gardien des traités, le protecteur des suppliants. A ces attributs divers de Zeus correspondent ceux d'Athènè, sa principale énergie : née de la tête de Zeus, du sommet de l'éther, après l'absorption de Mètis, la fille de l'Océan, qui représente le mouvement des eaux et celui de la pensée, Athènè est la sérénité bleue du ciel, le principe du feu céleste et des eaux supérieures ; armée de l'égide, c'est-à-dire de la tempête, elle repousse les Titans, les vents terrestres ; en même temps elle est la Sagesse et la Providence divine ; aussi préside-t-elle aux arts de la guerre et à ceux de la paix. Mais aucun Dieu ne possède des attributs plus variés qu'Hermès, l'intermédiaire universel. C'est le fils de la nuit et du jour, de Zeus et de Maïa, le crépuscule du matin et du soir, le Dieu aux ailes rapides, le Dieu voleur qui dérobe les objets à nos regards, le Dieu bienfaisant des trouvailles inattendues. Il cache les vaches du Soleil dans la caverne de la Nuit, sa mère, et lorsque Apollon redemande ses vaches, il lui donne en échange les harmonies du matin et du soir, la flûte et la lyre, instruments aimés des bergers qui conduisent ou ramènent leurs troupeaux. C'est le meurtrier d'Argos, dans lequel on peut voir ou le ciel étoilé ou la clarté blanche du jour ; avec sa baguette d'or, ce long nuage du couchant et de l'aurore, il endort et réveille tous les êtres. C'est le passage du jour à la nuit et de la nuit au jour, de la vie à la mort et de la mort à la vie, le conducteur des songes et le conducteur des âmes, le messager céleste qui porte à la terre tous les bienfaits des Dieux, le grand interprète, la Parole divine, le Dieu de l'éloquence et des relations sociales, des traités de paix, du commerce et du gain; il multiplie les troupeaux en unissant les mâles aux femelles, il marque la limite des champs et se plaît sur les grandes routes où les hommes se rencontrent, sur les places publiques où il préside aux luttes pacifiques du corps et de l'esprit. Tous ces attributs, et bien d'autres encore, car nous ne pouvons entrer dans le détail de la symbolique, sont contenus virtuellement dans l'idée générale de transition, de lien et d'échange.

Mais les aspects multiples des symboles n'apparaissent pas toujours simultanément; ils se dégagent quelquefois l'un après l'autre, et l'esprit des mythes se transforme dans le temps, quoique leur forme reste la même. Ces variations n'impliquent pas une idée d'erreur ou même d'incertitude : l'esprit humain est devant la vérité comme un peintre qui, devant la nature, trace d'abord de grandes lignes, ou distribue en larges masses l'ombre et la lumière; puis cette première ébauche se débrouille peu à peu, et les détails s'expriment plus nettement par un travail successif. Les religions prennent aussi, à chaque phase de leur élaboration, l'empreinte de l'âge des peuples. De même que les mots d'une langue passent du sens propre au sens figuré, ainsi tel symbole, qui représentait d'abord un simple phénomène physique, exprime plus tard une des grandes lois de la nature, puis une conception morale. Lorsque le langage poétique des vieux âges eut besoin d'interprétation, en l'absence d'une théocratie chargée d'expliquer les dogmes, chacun, suivant la nature de son esprit, put saisir tel ou tel côté de la pensée des mythes. En général, leur caractère physique tendit à s'effacer devant leur aspect moral. Les Stoïciens furent ceux qui pénétrèrent le mieux le sens général des symboles, quoique dans l'exemple d'Hermès, que nous venons de citer, le sens physique ait échappé à la sagacité habituelle de Cornutus. Les Épicuriens, au contraire, s'arrêtant à l'enveloppe poétique et humaine de la mythologie, adoptèrent ce système pseudo-historique d'Évhémère dont on peut voir un exemple dans les plates explications de Palæphatos.

Ce qui tendait à propager cette erreur, c'est la distance de plus en plus faible qui séparait les Dieux des Demi-dieux, et ceux-ci du reste de l'humanité. La Grèce ne voit pas les Dieux à cette hauteur inaccessible où l'Orient les avait placés. Elle les regarde moins comme des maîtres que comme des protecteurs, des amis, des frères aînés. La race mortelle se retrempe sans cesse aux sources de l'immortalité par les mille hymens qui unissent le ciel à la terre. Si l'éther créateur, Zeus, le principe de la vie universelle, descend en pluie d'or dans le sein de la Terre, son épouse, et si de ces unions bénies naissent les sources jaillissantes, la séve des plantes nourricières, les formes de la vie organisée, Persée, Perséphonè, Dionysos, ne faut-il pas voir aussi le fruit d'une union divine dans chacun de ces nobles héros, l'honneur et le salut de la race humaine, qui domptent les monstres, qui punissent les crimes, parcourant la terre par la force de leur bras, sans se reposer jamais tant qu'il reste une faiblesse à protéger, un fléau à détruire? Le type de tous ces Demi-dieux humains, le fils de la Force, confondu dans la reconnaissance des peuples avec l'astre glorieux dont il est l'image, Alcide, le fort, après ses rudes travaux accomplis sous l'empire de la dure nécessité, est reçu en frère par le peuple des immortels, et dans le ciel conquis par son courage, possède une jeunesse éternelle, ἔχει καλλίσφυρον ἥβην. Les Dioscures, les Argonautes, le Législateur (Θησεύς), fils des divinités protectrices d'Athènes (Αἴθρα-Ἀθήνη, Αἴγειος-Ποσειδῶν), et tant d'autres héros bienfaisants placés aux confins du mythe et de l'histoire, résument dans leur légende leur double caractère et leur double origine, et l'on s'étonne que les Grecs n'aient pas eu l'équivalent de ce beau mot latin de *religio*, car jamais croyance ne relia comme celle des Demi-dieux la terre au ciel.

Plus tard, quand le sentiment religieux s'affaiblit, que l'esprit des symboles commença à s'oublier, on ne vit plus que des adultères dans toutes ces naissances divines. La moralité même de la Grèce se retourna contre elle : elle avait substitué le mariage à la polygamie orientale, et cette substitution se traduisit dans ses légendes par la jalousie d'Hèrè contre les autres épouses de Zeus. Les créateurs des vieux mythes avaient emprunté leurs images à la vie patriarcale : le père de famille entouré de ses épouses et de ses nombreux enfants, ils en retrouvaient le modèle dans l'Éther bienfaisant et fécond, père des Dieux et des hommes. Ses unions avec les femmes mortelles, unions sacrées d'où naissent les héros, n'étaient que la traduction poétique de cette pensée salutaire et fortifiante : les grands hommes sont de race divine, et, par les durs labeurs, par la pratique des vertus viriles, ils retournent au ciel dont ils sont sortis. Les héros viennent de Zeus, les poëtes viennent d'Apollon et des Muses : cette paternité céleste tient le milieu entre le patronage des saints par le baptême chez les chrétiens et les incarnations divines dans les religions de l'Inde. Mais la poésie grecque, qui donne toujours un corps à la pensée, ne pouvait exprimer un patronage divin que par l'image d'une paternité réelle. Quant aux incarnations indiennes, elles représentent les Dieux descendant sur la terre pour sauver le monde, tandis que dans les apothéoses héroïques c'est l'homme qui escalade le ciel par sa vertu. Il y a entre ces deux idées toute la distance de l'Inde théocratique à la Grèce républicaine.

La religion des Demi-dieux humains transforme les cultes locaux et donne une sanction nouvelle à cette grande loi morale qui est la base de la société grecque : l'amour de la patrie. Ce n'est plus seulement le fleuve ou le ruisseau natal, ni le bois sacré des Nymphes de sa montagne, qui relie l'homme à la terre paternelle : c'est le souvenir toujours présent des héros de sa race. Chaque ville a ses héros protecteurs, chaque famille a ses Dieux domestiques, les glorieux ancêtres, démons bienfaisants, devenus après leur mort les gardiens de ceux dont ils ont été les modèles pendant leur vie. Le peuple les invoque le matin des batailles ; ils lui prêtent l'appui de leurs bras dans les luttes sacrées pour la défense des foyers et des autels ; et si une jeune génération part un jour pour les émigrations lointaines, ils la suivront dans ses courses au delà des mers et rattacheront par un culte commun la colonie à la métropole. Tous ces illustres morts, devenus citoyens de la république des Dieux par leur glorieuse apothéose, veillent toujours sur leur cité natale, du haut de l'Olympe étoilé conquis par leurs vertus.

La Grèce avait un trop profond sentiment de la dignité humaine pour ne pas développer cette noble croyance de l'immortalité de l'âme, commune à toute la race des Aryas, et qui, par le culte des morts, relie le présent et l'avenir au passé. La pieuse coutume de brûler les morts éloignait de la pensée cet odieux supplice d'une lente pourriture ; c'était bien assez d'être séparés de ceux qu'on aimait, sans les jeter en pâture aux vers avides. Un peu de cendre blanche recueillie dans l'urne sacrée restait comme un souvenir aux mains de leurs amis. Le reste s'évaporait comme la fumée d'un sacrifice, et l'on croyait sans peine qu'avec les dernières étincelles de la flamme, cette autre flamme, cette lumière intérieure qui les avait animés, vêtue d'air, invisible et présente, retrouvait une vie nouvelle au sein de l'éther sans bornes. Cette croyance n'est pas le fruit d'une réflexion tardive, elle naît spontanément du légitime orgueil de l'homme, qui sent en lui un principe divin, ἰσόθεος φῶς. On se plaint de voir dans Homère les morts regretter la vie ; on s'étonne que ces hommes des âges héroïques, en proie à l'inquiète activité de la jeunesse, soient quelque peu effrayés de ce repos et de ce silence, de cette vie de souvenirs et de rêves qui les attend dans le monde invisible ; on ne peut pardonner à ce vieil aveugle de n'avoir pas su imaginer quelque chose de plus beau que le soleil. Mais, si la lumière n'était pas si douce, voudrait-on la retrouver au delà de la tombe, et n'est-ce pas le regret de la vie, pour lui-même et pour ceux qu'il aime, qui éveille dans l'homme l'espérance de l'immortalité?

La vie à venir était un des thèmes favoris de la vieille poésie épique des Grecs. Outre le onzième chant de l'*Odyssée* et la moitié du vingt-quatrième, plusieurs poëmes cycliques, par exemple le poëme des *Retours* et la *Minyade* de Prodicos de Phocée, contenaient des descriptions du monde invisible. C'est d'après la Minyade, selon Pausanias, que Polygnote avait peint le séjour des morts dans la leschè de Delphes. Il existait aussi un poëme attribué à Hésiode sur la descente de Thésée et de Pirithoos dans les demeures d'Aïdès. D'après les *Travaux et Jours* du même poëte, les hommes de l'âge d'or deviennent des Démons protecteurs et se répandent dans l'air; ceux de l'âge d'argent habitent sous la terre. Quant aux Héros demi-dieux, ils habitent les îles des heureux et sont gouvernés par Kronos. Ces îles, dont il est question aussi dans l'hymne de Callistrate à Harmodios et Aristogiton, paraissent se confondre avec l'île blanche, Leukè, où Thétis transporta l'âme d'Achille, d'après l'*Æthiopis* d'Arctinos de Milet, et avec le champ Élysien où règne le blond Rhadamanthe, d'après le quatrième chant de l'Odyssée. La plupart de ces poëmes étant perdus aujourd'hui, il est difficile de savoir si toutes les descriptions de la vie future étaient d'accord entre elles ; mais, si l'expression était différente, la pensée première était toujours celle d'une récompense pour les bons, d'une punition pour les criminels. Agamemnon atteste dans l'*Iliade* les divinités qui punissent après la mort ceux qui ont violé leur serment. Dans un autre passage du même poëme, Homère désigne ces divinités sous le nom d'Érinnyes. Ce sont les redoutables déesses qui représentent à la fois les imprécations de la victime et les remords du meurtrier. Dans Æschyle elles se nomment elles-mêmes les Imprécations ; attirées par l'odeur du sang répandu, elles suivent le coupable à la piste, comme une meute de chiennes furieuses : « Là, là, là, dit Oreste, vous ne les voyez pas, mais moi je les vois. »

Ainsi la loi morale a une sanction au delà de la vie terrestre dans cette croyance à l'immortalité de l'âme, qui est le complément et la conséquence de la conception religieuse des Grecs. La nature entretenait cette espérance par des images gracieuses, la religion la confirmait par des symboles rassurants. La délivrance des fils de Kronos, la résurrection de Dionysos et de Korè, et bien d'autres légendes, traduisaient sous des formes variées le divin réveil du printemps, et cette éternelle consolation de la nature renaissante. L'homme ne reniait pas sa fraternité avec la nature ; il vivait en elle et la sentait vivre en lui, et devant cette fête de la terre joyeuse au retour de la lumière, devant cette victoire bénie de la vie sur la mort, il ne pouvait douter de sa propre immortalité.

Cependant, depuis que cette religion est morte, chaque siècle lui jette, en passant, sa part de malédictions et d'outrages. Les plus indulgents ne veulent voir qu'un tissu de fables immorales et absurdes dans ces grands symboles par lesquels les contemporains d'Hésiode et d'Homère traduisaient leur intuition des lois générales du monde. On ne se demande pas comment ces absurdités ont pu produire l'Iliade, l'Odyssée, le Parthénon, les plus splendides chefs-d'œuvre de l'esprit humain. Ceux même qui accordent à la civilisation des Grecs l'admiration qu'elle mérite font une exception pour leur religion. Mais les religions sont la vie des peuples, elles en répondent devant l'histoire; l'art, la science, la morale et la politique s'en déduisent comme une conséquence de son principe. Devant les bienfaits de cette merveilleuse civilisation qui est son œuvre, il serait temps de relever l'hellénisme de l'anathème qui pèse sur lui depuis sa mort.

Ce qui est regardé comme le dernier degré de la lâcheté lorsqu'il s'agit d'un homme, l'insulte à un tombeau, peut-il être permis contre une croyance, et les fils doivent-ils bafouer ce qu'ont adoré leurs pères? Le polythéisme est trop opposé aux mœurs des peuples modernes pour qu'on puisse supposer qu'il renaîtra jamais de ses cendres; cette enveloppe mortelle des idées, la forme sous laquelle elles se révèlent au monde, elles ne la reprennent plus lorsqu'elles l'ont une fois quittée. Puisque le passé est mort et qu'il ne peut revivre, recueillons-en du moins les ruines avec le respect et la pieuse mélancolie d'un vieillard qui évoque les souvenirs de sa jeunesse.

CHAPITRE II

RAPPORTS DE L'HOMME AVEC LES DIEUX; CARACTÈRE DU CULTE HELLÉNIQUE

L'harmonie du monde produite par la lutte des principes contraires; luttes des Dieux les uns contre les autres; des Dieux contre les Titans et les Géants; de l'homme contre les Dieux, ou résistance de l'homme au monde extérieur. — Héraclès et Prométhée. — La destinée chez les poetes grecs n'est qu'une forme abstraite des lois divines; son accord avec la liberté humaine. — La divination et les oracles. — La prière; les sacrifices; les fêtes publiques.

D'après nos conceptions physiques, les mouvements de la nature sont produits par la pondération de forces opposées, par l'antinomie de lois complémentaires : gravitation et force centrifuge, contraction et dilatation, cohésion et répulsion moléculaire, tendance des graves vers le centre de la terre, expansion de la chaleur et de la lumière vers l'espace. Dans la vie minérale, l'affinité chimique, qu'elle soit une force spéciale ou une résultante, est en raison inverse des analogies, en raison directe des oppositions; il en est de même des attractions électriques.

Dans la vie organisée, le règne végétal est un appareil de réduction, le règne animal un foyer de combustion ; balancement dynamique, équilibre des contraires, dépendance mutuelle et réciproque de toutes les énergies vivantes qui s'enchaînent sans hiérarchie dans un ordre éternel ; alternatives d'absorptions et de sécrétions, de veille et de sommeil, de destruction et de renaissance ; on ne finirait pas d'énumérer les formes multiples de cette respiration régulière de la nature, de ce mouvement cadencé de systole et de diastole qui fait circuler la vie dans les artères du monde.

Si nous retrouvons ces idées, du moins dans leur plus haute généralité, sous les symboles religieux de la Grèce, il n'y a pas lieu de s'en étonner. Quand nos paupières s'ouvrent devant la nature, notre premier regard atteint d'abord les limites que nos yeux ne pourront jamais franchir ; puis, par une attention successive, nous étudions un à un les différents objets contenus dans le champ de la vue. Peu à peu l'immense tableau nous est connu dans tous ses détails, mais chacun de ces détails conserve dans l'ensemble la place et l'importance relative que lui avait assigné notre premier coup d'œil. Les lois mathématiques, qui sont les lois de l'esprit humain, l'homme en retrouve les applications dans le monde réel ; la synthèse générale des choses, annoncée *a priori* par l'intuition religieuse, est démontrée *a pos-*

teriori par l'analyse scientifique. De même que les métaphores concrètes des langues primitives se trouvent parfaitement propres à traduire les idées abstraites des époques postérieures, ainsi, dans les mythes religieux, qui sont la langue de l'humanité naissante, on saisit sous leur expression la plus large des lois dont les révélateurs des vieux symboles ne soupçonnaient pas toutes les manifestations particulières. Les alternatives de la nuit et du jour, de la vie et de la mort, et aussi la lutte des éléments, le ciel bleu après la tempête, l'été après l'hiver, la vie entretenue et renouvelée par la destruction, avaient suffi à l'esprit généralisateur de la race hellénique pour deviner dans la nature une loi d'antagonisme et d'équilibre qui se manifeste aux investigations modernes sous bien d'autres formes.

Le polythéisme n'admet pas, comme le dualisme mazdéen un bon et un mauvais principe et deux camps rivaux dans la nature ; d'après la cosmogonie des Grecs, d'accord avec la science moderne, les principes opposés sont également nécessaires, et de l'union des contraires résulte l'harmonie universelle. C'est ce que les poëtes expriment par le mythe d'Harmonie, fille d'Arès et d'Aphroditè unis dans les liens de l'indissoluble amour, dans l'invisible filet forgé par Hèphæstos. Cette idée formait le fond des mystères de Samothrace. La discorde est aussi nécessaire que l'amour ; le monde est né des unions et des guerres des Dieux. A voir la merveilleuse perfection des œuvres divines, la régulière succession des saisons et des heures, il semble que les Dieux n'ont à craindre ni résistance ni obstacles. Au sommet de l'éther calme, dans leur inaltérable sérénité, la poésie les voit régler les mouvements rhythmés des astres et conduire le chœur chantant des êtres ; on les appelle les heureux, ceux dont la vie est facile et douce, ῥεῖα ζώοντες. Cependant, ainsi que la matière résiste à l'ouvrier, la substance première des choses est rebelle à l'action des lois régulatrices. La mère des Titans s'irrite de leur défaite ; de son sein trop fécond sortent mille monstres, les nuages noirs, les miasmes putrides, Python, l'hydre de Lerne, et le vent souterrain, source des éruptions volcaniques, l'immense Typhoeus, le plus fort et le plus terrible de ces fils de la terre qui voulaient escalader le ciel. Les forces déréglées sont vaincues, mais la tradition atteste que la lutte a été longue et la victoire disputée.

Ces grands combats prennent différents caractères dans les légendes ; tantôt les Dieux luttent contre les Géants et les Titans, tantôt ils luttent entre eux. Il reste dans la poésie d'Homère de nombreux échos de ces antiques traditions religieuses, par exemple la conspiration d'Hèrè, de Poseidon et d'Athènè contre Zeus au premier chant de l'Iliade ; la querelle d'Hermès et d'Apollon, la lutte d'Hèrè contre Zeus et contre Lèto dans les hymnes. L'herméneutique donne la clé de tous ces symboles qui représentent sous diverses formes l'antagonisme des forces et des principes cosmiques. La Théomachie de l'Iliade oppose les Dieux les uns aux autres, et le sens théologique de cette lutte perce encore à travers les intérêts humains auxquels le poëte l'a subordonnée. La guerre des Dieux et des Hécatonchires contre les Titans dans la Théogonie, a un caractère encore plus hiératique, qui ne lui ôte rien de sa poésie ; c'est une page qui peut soutenir la comparaison avec les grandes batailles d'Homère, et qu'on peut citer comme un exemple de la manière dont la poésie religieuse des Grecs traduisait le spectacle ou le souvenir des grandes convulsions de la nature :

« Une clameur terrible s'éleva de la mer sans bornes, la terre au loin retentit, et le vaste ciel gémit ébranlé, et le large Olympe était secoué dans sa base sous le choc des immortels. Jusqu'au Tartare ténébreux pénétrait la secousse profonde, et le bruit des pas précipités, et l'effrayant tumulte des grands coups. Donc ils lançaient ainsi des deux parts les traits lamentables, et jusqu'au ciel étoilé montaient les cris de guerre, et les hurlements des combattants dans la mêlée. Et Zeus ne contint plus son courage ; et tout à coup sa poitrine se remplit de colère, et il déploya toute sa puissance. Et aussitôt, du ciel et de l'Olympe il s'avança, fulgurant sans relâche, et les foudres rapides volaient de sa main robuste, avec le tonnerre et l'éclair, et se multipliaient, roulant partout la flamme sacrée. Tout autour la terre féconde mugissait embrasée, et sous le feu craquait au loin l'immense forêt. Et le sol bouillonnait, et les ondes de l'Océan, et la mer sans fond. Et une chaude vapeur les enveloppa, les Titans terrestres ; la flamme immense monta vers l'éther divin, et les yeux des plus forts étaient aveuglés par l'éclatante splendeur de la foudre et des éclairs. L'incendie envahit le redoutable abîme. Il semblait, à entendre et à voir tant de bruit et de lumière, que la terre et le large ciel se confondaient, car c'était l'énorme tumulte de la terre écrasée et du ciel se ruant sur elle : tel était le fracas de la mêlée des Dieux. Et en même temps les vents s'ébranlaient et soulevaient la poussière, et le tonnerre, et l'éclair, et la foudre ardente, armes du grand Zeus, et portaient le bruit et les clameurs au milieu des combattants; et dans le vacarme incessant de l'épouvantable bataille, tous montraient la puissance de leurs bras. »

Un autre passage de la Théogonie, qui semble une variante de celui-ci, raconte avec la même énergie d'expression la lutte de Zeus contre Typhoeus, lutte qui, dans les poëmes contemporains ou postérieurs, devint un des épisodes de la guerre des Géants. L'issue de cette grande guerre fut longtemps douteuse, comme on peut le voir par le récit d'Apollodore; malheureusement ce récit n'est qu'une sèche analyse de toute cette vieille poésie religieuse de la Grèce, presque entièrement perdue pour nous, et dont Nonnos, qui a traité le même sujet dans les premiers chants de ses Dionysiaques, ne peut certes pas compenser la perte. Dans leur lutte contre les Géants, les Dieux avaient pris des héros pour auxiliaires, comme ils avaient opposé aux Titans les Hécatonchires. Ainsi l'homme entrait à son tour dans cette grande mêlée de la nature, et il y faisait bravement son devoir. Toutes ces guerres divines, à en juger par les échantillons qui nous en restent dans Homère et Hésiode, étaient racontées avec autant d'impartialité que la querelle des Troyens et des Achéens dans l'Iliade, ou la rivalité de Sparte et d'Athènes dans Thucydide. Pourquoi, en effet, prendre parti dans ces batailles sacrées où vainqueurs et vaincus concourent également, par leur opposition même, à la beauté de l'univers? Asclèpios, foudroyé par Zeus pour avoir compromis l'ordre du monde en ressuscitant les morts, n'en est pas moins un Dieu bienfaisant, et mérite d'avoir ses temples. Prométhée, pour être l'adversaire de Zeus, n'en est pas moins l'ami de la race humaine. Les Titans sont vaincus, mais non maudits; les Dieux les prennent à témoin de leurs serments (1), et les invoquent même quelquefois (2); les hommes aussi leur adressent des prières (3). On sait d'ailleurs que

(1) Iliade XIV. — (2) Hymnes homériques. — (3) Ister et Nicandre, cités par Suidas.

Zeus les a délivrés (1) comme il avait délivré les Hécatonchires; on sait que Kronos règne sur les îles des heureux et que Prométhée a été ramené au ciel par Hèraclès. Comme les héros de la Walhalla se réconcilient chaque soir après le jeu sanglant des épées, les Dieux grecs se sont dès longtemps réconciliés dans la paix de l'Olympe, ou plutôt ce n'est que par une nécessité du langage poétique que leurs luttes et leur réconciliation sont présentées comme successives, car le monde idéal est en dehors du temps. Ces dogmes convenaient bien à un peuple querelleur, mais sans rancune. L'histoire grecque présente une suite continuelle de guerres et d'alliances entre voisins, et, si la lutte des principes est nécessaire à l'ordre de l'univers, peut-être aussi les querelles incessantes des petites peuplades helléniques contribuèrent-elles à entretenir l'énergie de la race grecque et à développer sa féconde activité.

La résistance de l'homme aux forces extérieures prend dans les plus anciennes légendes la forme d'une lutte directe contre les Dieux. Cela tient à la communauté d'origine des Dieux et des hommes et au caractère originairement divin des types héroïques. Les mythes d'Hèraclès et de Prométhée, qui représentent l'un la force morale, l'autre la force intellectuelle de l'humanité, ont, comme les mythes divins, un côté physique. La lutte de Zeus et de

(1) Pindare, Pythique IV

Prométhée, telle qu'elle est présentée dans la Théogonie, se rattache aux plus anciennes traditions des Aryas. Le feu, chargé de porter aux Dieux les offrandes des hommes, en dévore la meilleure part, et ne laisse sur l'autel que les os blancs de la victime. Les Védas font allusion à ce rôle du feu, et lui donnent pour épithète *Pramathi*, Prométhée, le prévoyant. Le feu est en effet la première conquête de la prévoyance humaine. C'est pourquoi les poëtes le représentent comme une force bienfaisante, comme un Titan ami des hommes, enchaîné par les Dieux sur les sommets frappés de la foudre, sur les montagnes volcaniques, où il est éternellement dévoré par l'aigle, fils de Typhaon, le feu souterrain. Prométhée devient ainsi la personnification du génie inventeur, cloué sur le Caucase de la vie, et délivré par Hèraclès, qui est la force civilisatrice de l'humanité. Le *Prométhée délivré* d'Æschyle est perdu, mais la moralité de cette grande légende semble indiquée dans une autre tragédie du même poëte : « C'est Zeus qui a conduit les hommes dans la voie de la sagesse, en leur imposant cette loi d'acheter la science par la douleur. »

De même que Prométhée lutte contre Zeus, Hèraclès lutte contre Hèrè. Dans le sens physique, Hèraclès est le soleil luttant contre les vapeurs et les nuages qu'Hèrè, l'air inférieur, amoncelle contre lui. Les longs nuages du matin sont des serpents qu'il étouffe dès sa naissance; lorsqu'il perce le brouillard, il perce Hèrè de ses flèches; lorsqu'il renaît après la nuit ou après l'hiver, on dit qu'il a enchaîné Cerbère, qu'il a blessé Aïdès, qu'il a vaincu le Dieu de la mort. Peu à peu le caractère physique d'Héraclès s'éclipse derrière sa légende héroïque. La malfaisante Atè, un serment surpris à Zeus (on dirait aujourd'hui : une erreur du sort, un fatal concours de circonstances), ont fait d'Hèraclès l'esclave d'Eurysthée; cette condition qu'il ne pouvait éviter a été pour lui l'occasion des glorieux travaux par lesquels il a conquis l'Olympe, et la divinité ennemie qui l'avait poursuivi depuis sa naissance est devenue ainsi l'instrument de sa gloire, et lui a valu le nom qu'il porte parmi les Dieux. Ainsi le Titan créateur et le héros infatigable, le génie et la vertu de l'homme, rentrent ensemble dans l'Olympe, après avoir accompli cette grande loi morale qui est devenue la base du christianisme, la rédemption par la douleur.

La plupart des traits de la légende d'Hèraclès furent transportés dans celle des autres héros dont il était le type. Achille pouvait bien lutter contre le Xanthe, comme Hèraclès avait lutté contre le divin fleuve Achélôos. Hèraclès avait combattu Arès, de même Otos et Éphialtès retiennent Arès captif sous de dures chaînes, expression vive de la force de ces grands héros qui faisaient cesser pour un temps les guerres continuelles d'une époque agitée. (Schol. Iliad. v. 385.) Hèraclès avait blessé Aïdès et Hèrè; Diomède blesse Aphroditè et Arès, et cela sur l'avis formel d'Athènè. Ces idées ne sont pas particulières aux Grecs; on en trouve la trace en dehors même de la race des Aryas; la lutte de Jacob, et le nom d'Israël destiné à en consacrer le souvenir, font penser aux combats des héros grecs contre les Dieux.

L'esprit religieux de l'humanité primitive lui montre partout une action divine, mais cette action n'est pas toujours bienfaisante. La fureur de Saül est attribuée par la Bible au mauvais esprit de Dieu; Jéhovah, pour tromper Achab, envoie un esprit de mensonge à ses prophètes. Dans l'Iliade, Zeus envoie un songe menteur à Agamemnon, et Athènè, pour rallumer une guerre qui entrait dans les plans éternels, inspire une trahison à Pandaros. Chez les Mazdéens, cette inspiration eût été attribuée à Arhiman, mais, dans la théologie grecque, le mal n'a qu'une existence relative. Il semble en effet se déplacer si l'on change de point de vue : l'herbe des champs, si elle pouvait parler, dirait que le mouton est le plus féroce des animaux. L'homme regarde la mort comme un mal, mais si la mort est la condition nécessaire de la succession des êtres, il faut bien croire qu'elle est une loi divine. La vie animale ne s'entretient que par une série de meurtres, et pourtant la justice, la loi spéciale de l'homme, condamne le meurtre. Nous résistons à l'action divine en soignant nos maladies, et pourtant cette résistance est légitime, et l'invention de la médecine est attribuée à un Dieu. Les Dieux nous envoient les passions comme ils nous envoient les maladies : la loi de l'union des sexes, cette loi qui renouvelle la vie des êtres organisés, est une forme de l'attraction universelle, et certes c'est là une loi divine ; pourtant, dans les sociétés humaines, elle produit bien des désordres, et Hélène aurait dû résister à Aphrodite qui la poussait dans les bras d'Alexandre. Sans doute les Dieux sont plus forts que les hommes, comme le dit souvent Homère, mais si l'homme triomphe dans la lutte, sa victoire n'en sera que plus belle, et les Stoïciens pourront dire que le sage est supérieur aux Dieux.

Les événements indépendants de l'homme, et même les impulsions involontaires qui agissent sur lui, les poëtes les rapportent aux Dieux parce qu'il n'y a pas d'effets sans causes. Lorsqu'un héros commet une imprudence, par exemple quand Hector, se croyant soutenu par Deiphobos, accepte le combat contre Achille, dans la langue poétique, c'est Athènè qui l'a trompé pour le livrer à son ennemi. Lorsque Ulysse échappe par sa prudence aux dangers de la mer, c'est qu'il est poursuivi par Poseidon et protégé par Athènè. On accuse les poëtes de diviniser les passions, et en même temps on leur reproche d'élever l'homme au niveau des Dieux ; l'un de ces reproches est une réponse à l'autre. C'est parce qu'elle a glorifié la volonté humaine pour l'opposer aux formidables attractions de la nature, que la Grèce a pu échapper au panthéisme oriental et à ses dangereuses conséquences. On ne peut exalter la force divine qu'à la condition d'abaisser d'autant la force humaine, et, en écrasant l'homme sous l'idée d'une puissance infiniment supérieure à la sienne, on risque de lui ôter toute son énergie de résistance en face du monde extérieur, qui représente toujours pour lui le théâtre de l'action divine. Cette voix intérieure qui nous pousse est toujours la voix d'un Dieu, mais tantôt c'est un conseil et un secours, tantôt c'est une tentation et une épreuve. L'homme porte en lui-même une lumière, qui est sa conscience ; une force, qui est sa liberté : c'est à lui de choisir entre la voix de la passion et celle du devoir.

Les Dieux sont les lois modératrices du monde conçues sous une forme concrète, vivante et personnelle ; mais la loi apparaît souvent dans les poëtes sous une forme abstraite et purement idéale ; alors les Dieux se présentent comme des forces intelligentes qui exécutent la loi et en règlent l'action. Les poëtes emploient plusieurs mots pour exprimer cet aspect abstrait des lois du monde, mais on s'exagère toujours la portée de leurs expressions lorsqu'on les lit dans des traductions latines ou françaises. Les mots *sort, destinée*, sont beaucoup trop absolus pour rendre le sens des mots grecs μοῖρα, αἶσα et κήρ, qui représentent les lois divines comme θεσμός et νόμος représentent les lois humaines. Le mot latin *Parca* est trop absolu aussi, et il est préférable d'employer les mots grecs si l'on veut conserver la distinction qui existe entre eux, quelque faible qu'elle soit. L'Aïsa est la nature propre de chaque chose, sa manière d'être, son état normal ; la Moïra est la part, le lot spécial de chaque être dans l'ensemble ; la Kère est l'effet heureux ou malheureux qui suit chaque cause, l'issue naturelle, la conséquence certaine des événements humains, et en particulier la catastrophe inévitable de la vie, c'est-à-dire la mort ; les Kères de la mort, les chances de mort sont innombrables autour de nous, dit Homère.

La résultante des forces multiples s'exprime par le mot μόρος, à peu près synonyme de νόμος, aussi bien que μοῖρα. Il représente le partage général des sorts, et, malgré la tendance de la poésie grecque à tout personnifier, il conserve toujours un sens abstrait, de même que le mot ἀνάγκη, la nécessité. Quant au mot εἱμαρμένη, qui répond au latin *fatum*, il dérive de la même racine que μόρος et μοῖρα, mais il n'appartient qu'à la langue philosophique. Les mots κήρ et μοῖρα sont quelquefois employés au duel ou au pluriel ; il y a autant d'incertitude sur l'origine de ces abstractions à demi divinisées et sur leurs fonctions, que sur leur nombre ; dans la Théogonie, les Moïres ont deux généalogies différentes, et Koïntos, sans doute d'après quelque ancienne tradition, leur en donne une troisième. Dans l'Iliade, l'Aïsa, à la naissance de chaque homme, file sa destinée sur le lin ; les noms donnés aux Moïres dans la Théogonie indiquent que cette même fonction leur est attribuée ; ces noms sont Clotho, la fileuse ; Lachésis, celle qui distribue les sorts, ou qu'on obtient par le sort ; Atropos, celle qui ne se détourne pas, ou qu'on ne peut détourner. Les Kères sont quelquefois confondues avec les Érinnyes, et la multiplicité même de ces termes à demi synonymes indique leur peu de précision. Quant à la fortune, Tychè, son nom se trouve, il est vrai, dans la Théogonie parmi ceux des Océanides, mais elle n'a dans l'origine ni l'importance ni le caractère qu'on lui attribua plus tard. Il n'en est pas question dans Homère ; quand les Achéens vont tirer au sort le nom du héros qui doit lutter contre Hector, ils prient Zeus de faire sortir du casque le sort d'Ajax, du fils de Tydée ou du roi de l'opulente Mycènes. La croyance au hasard, aux causes fortuites, implique une idée de désordre incompatible avec les instincts religieux d'une société primitive.

Les modernes, qui emploient à tout propos les

mots de force des choses et d'accident, de destin et de hasard, sans se croire fatalistes ni athées, n'hésitent pas à attribuer aux Grecs une opinion qui serait la négation de toute morale. C'est en vain que la Grèce a dû à ce dogme sacré de la liberté humaine sa civilisation tout entière, on ne craint pas d'accuser obstinément de fatalisme un peuple qui a cru à la liberté humaine jusqu'à la faire triompher de la puissance divine. Il a suffi pour cela de quelques mauvaises plaisanteries de Lucien sur ces trois vieilles femmes qui gouvernent les hommes et les Dieux. Si c'est être fataliste que de croire que nulle puissance divine ou humaine ne peut changer la nature des choses, il n'y a pas de religion ni de philosophie qui soit à l'abri d'un pareil reproche. Ni les Dieux de la Grèce ni ceux d'aucun autre peuple ne peuvent faire qu'une chose soit son contraire; aucune volonté ne peut détruire ou changer ce principe évident qu'on nomme principe de contradiction, non plus que les axiomes et les équations mathématiques. Ces principes et ces axiomes sont supérieurs aux Dieux considérés comme forces, mais ils sont la nature et l'essence même des Dieux considérés comme lois, θεῖα μοῖρα.

De là vient que la Moïra paraît quelquefois se confondre avec la volonté des Dieux, quelquefois la dominer. De même dans la cité grecque, où chaque citoyen est législateur et magistrat, la loi est à la fois l'accord des volontés libres, et la règle que chacun impose à lui-même et aux autres. La destinée est pour les Dieux ce que la morale est pour les hommes, une règle qui oblige la conscience sans enchaîner la volonté. Dans Homère, les Dieux évitent toujours d'agir contre ce qui doit être, ὑπὲρ μοῖραν. Plus d'une fois les héros achéens auraient pris Troie contre la Moïre, d'une façon anormale, si les Dieux, gardiens des justes règles, ne s'y étaient opposés. Ce rôle de modérateur appartient surtout à Zeus ; deux fois cependant, pour sauver des héros qu'il aime, Sarpédon et Hector, il songe à s'écarter de ces règles, mais Athènè lui montre les dangers d'un acte irrégulier, et lui déclare que, s'il persiste, les autres Dieux ne l'approuveront pas. De même que l'homme pèse dans sa raison les motifs de ses actes, Zeus pèse dans les balances d'or les Kères des héros et des peuples, et agit conformément à cette vérification suprême. Cette image hardie ôte à l'action divine tout caractère arbitraire, et peint bien l'esprit grec, qui ne reconnut jamais d'autre autorité que la loi.

La destinée n'enchaîne pas plus la volonté de l'homme que celle des Dieux. Comme la théologie des Grecs n'admet pas de cause unique, leur morale concilie sans peine la liberté humaine avec la destinée : toute action humaine a deux causes, comme tout mouvement est la résultante de deux forces.

De ces deux causes l'une est notre volonté, l'autre est indépendante de nous et comprend toutes les influences extérieures dont la destinée est l'expression collective; c'est une forme abstraite de l'action divine dans la nature. Homère représente Zeus puisant dans deux tonneaux les biens et les maux de la vie humaine, ou, selon une variante de Platon, les Kères bonnes et mauvaises. Le plus souvent les poëtes, pour concilier l'action divine avec leur idéal de bonté et de justice, ne rapportent aux Dieux que les événements heureux, et, comme il faut bien attribuer le mal à quelque chose, ils le laissent sur le compte d'une force indéterminée, la destinée. Les passions qui nous sollicitent sont à nos yeux l'action d'une force extérieure : Agamemnon, pour excuser son emportement contre Achille, l'attribue à Zeus, à la Moïra, à l'Érinnye errante dans l'air, et surtout à Atè (1), personnification de l'aveuglement et de l'erreur. Sans doute la volonté humaine a ses limites; l'homme ne peut devenir un bœuf ou un chêne, pas plus qu'un cercle ne peut devenir un carré, et, dans le sens littéral, Homère a pu dire que nul n'échappe à la part qu'il a reçue en naissant, c'est-à-dire que nul ne peut changer sa nature. Et pourtant l'homme est dans une certaine mesure l'artisan de sa destinée. Homère nous en montre un exemple au com-

---

(1) Ἄτη, racine d'ἀπατᾶν, tromper. Nos fautes viennent de notre ignorance.

mencement de l'Odyssée : Zeus se plaint, à propos de la mort d'Ægisthe, que les hommes attribuent aux Dieux les maux qu'ils s'attirent eux-mêmes par leurs fautes et malgré le sort, ὑπὲρ μόρον, contrairement à la loi; il est donc évident que le destin n'est pas une force irrésistible, mais une règle idéale, qu'il est bon de suivre parce qu'elle est conforme à l'ordre universel. Lorsque le Cyclope égorge les amis d'Ulysse, celui-ci lui reproche d'avoir agi contre la Μοῖρα, contre la règle. Le mot αἴσιμος, conforme à l'αἶσα, signifie généralement dans Homère ce qui est convenable.

L'homme peut donc se soustraire à son sort; c'est ce qu'a fait Ægisthe à ses risques et périls, et malgré les avis des Dieux; la destinée n'est dans ce cas que la fin normale de l'homme, le but de son être. Dans d'autres cas, la moralité est tout entière du côté de l'homme assez fort pour lutter contre le monde extérieur. Cette contradiction apparente tient à la condition même de l'homme, qui est à la fois une portion de l'ensemble et une personnalité distincte; nous disons de même tantôt qu'il faut suivre les lois de la nature, tantôt qu'il faut résister à nos penchants. Dans tous les cas, cet ordre abstrait, produit par le concours des lois multiples, laisse la volonté indépendante et souveraine. Que le mal nous vienne des Dieux et soit une épreuve pour notre courage, ou qu'il soit une résultante de causes inconnues, la lutte est permise, la victoire est glorieuse, et, fussions-nous vaincus, nous resterons purs aux yeux des hommes et des Dieux. Telle est la moralité de la légende d'OEdipe. La puissante Moïra, ou, comme on dirait aujourd'hui, une complication d'événements qu'aucune prudence humaine n'aurait pu prévenir, avait rendu OEdipe incestueux et parricide. L'oracle avait annoncé qu'il tuerait son père et qu'il épouserait sa mère, mais non pas qu'il serait criminel, car cela ne dépendait que de sa volonté; le crime n'est que dans l'intention, et ne peut exister là où il n'y a pas conscience. OEdipe se proclame donc innocent devant les lois morales qu'il n'a jamais violées volontairement. Ainsi, en dehors de l'enchaînement inflexible des causes, la Grèce élève dans l'âme humaine le temple de la liberté.

Le principe de la pluralité des causes concilie aussi facilement le libre arbitre avec la prescience divine qu'avec la destinée. Des deux causes d'où résulte tout acte humain, les Dieux nous font connaître l'une par la divination et les oracles : c'est celle qui dépend d'eux, qui est leur part, μοῖρα θεῶν; ils ne nous annoncent donc que ce que leur providence, πρόνοια, peut facilement prévoir. Quant à l'autre cause, qui est la volonté de l'homme, c'est à l'homme à la diriger. Il le fera d'autant plus sûrement qu'il connaîtra les circonstances extérieures au milieu desquelles il doit agir, les avantages dont il peut profiter, les dangers qu'il doit éviter. La divination l'éclaire sans l'enchaîner; elle le met dans la situation du général qui, avant d'opérer dans un pays inconnu, en consulte la carte, et dresse son plan de campagne d'après les avantages et les obstacles qu'il sait devoir rencontrer. L'usage continuel que les Grecs faisaient des oracles ne les porta jamais à s'endormir dans l'inertie de la confiance ou dans l'aveugle résignation du désespoir. De même qu'une mère conduit les pas de son enfant, mais ne marche pas pour lui, les Dieux ne font pas l'œuvre de l'homme, mais, avant une action commune, ils lui révèlent leurs plans afin qu'il dirige plus sûrement sa marche. Les réponses des oracles sont des conseils et non des ordres; l'homme conserve sa liberté d'action tout entière.

Souvent les Dieux lui montrent deux routes entre lesquelles il peut choisir et dont ils lui font connaître la double issue. Ainsi Thétis déclare à Achille qu'il a deux chances devant lui : « Ma mère, la déesse Thétis aux pieds d'argent, dit que deux Kères différentes peuvent me porter à la limite de la mort : si, restant ici, je combats autour de la ville des Troyens, le retour est perdu pour moi, mais une gloire immortelle m'attend; si je vais dans ma maison et dans la terre de ma patrie, ma grande gloire est perdue, mais la vie se prolonge pour moi, et j'arriverai tard à la limite de la mort » Ainsi, malgré la contradiction des termes que nous sommes obligés d'employer pour rendre les idées des Grecs, le destin n'a pas un caractère de nécessité absolue. Entre le bien et le mal, l'alternative est nécessaire; mais le choix est libre. Thétis n'a ni prévu ni prédit le choix d'Achille, mais elle sait ce que peut amener, dans un cas ou dans l'autre, sa décision. Les prédictions n'expriment que des probabilités; pour arriver à la certitude, il leur manque un élément, celui même qui est au pouvoir de l'homme, le choix entre les possibles. L'obscurité même des oracles leur ôtait jusqu'à l'apparence d'une contrainte et d'une entrave, en même temps qu'elle exerçait la pénétration et le jugement. De même que, dans les légendes, les héros luttent contre les Dieux, ainsi, dans l'histoire, on voit souvent les peuples leur faire une sorte de violence, en les interrogeant plusieurs fois et en insistant pour obtenir une réponse favorable; c'est ce que firent les Athéniens lors de l'invasion de Xerxès. D'ailleurs les Grecs, qui n'accordèrent jamais aucun pouvoir politique aux prêtres, savaient les empêcher de faire servir les oracles à des projets ambitieux. Tout en respectant les réponses des Dieux, on se tenait en garde contre leurs ministres : « La Pythie philippise, » disait Démosthènes, et il engageait les Athéniens à passer outre. Hector n'est certes pas un sceptique ni un impie, mais, quoique Polydamas soit habile dans la divination, quand Hector trouve ses avis trop timides, il répond que le meilleur augure est de combattre pour sa patrie.

Dans les événements de la vie humaine, le motif extérieur appartient aux Dieux, le choix et la décision à l'homme; mais la faiblesse de l'homme rendrait ce partage trop inégal : lorsqu'il croit avoir atteint la limite de ses forces, il y supplée par la prière. Tout ce qui est indépendant de sa puissance, ce sont les Dieux qui en disposent; mais par la prière il peut fléchir, sans les violer, les lois éternelles. Les Dieux étendent même leur influence protectrice sur sa raison par leurs avis, sur son courage par leurs secours. La religion n'est qu'un perpétuel échange de prières qui montent de la terre et de secours qui descendent du ciel. Hector n'oubliait jamais de faire sa prière avant le combat, et ses ennemis le savaient bien : « Tu as encore échappé à la mort, chien, lui dit Achille; le mal était bien près de toi, mais l'éclatant Apollon t'a préservé, lui que tu invoques toujours en allant dans le tumulte des lances; mais je t'atteindrai à la première rencontre, pourvu qu'il vienne aussi quelque Dieu à mon aide. » Ajax, fils de Télamon, dit aux Achéens, au moment où il va combattre Hector : « Pendant que je revêtirai mes armes de guerre, priez le prince Zeus fils de Kronos, tout bas en vous-même afin que les Troyens ne s'en aperçoivent pas, ou même ouvertement, car nous ne craignons personne. » Ulysse,

Diomède, et en général tous les héros d'Homère, invoquent à chaque instant l'assistance des Dieux. Dans les jeux funèbres, quand Achille veut donner un prix à Eumèlos, dont le char a été brisé, Antiloque s'y oppose : « Il aurait dû prier les Dieux immortels, afin de ne pas arriver le dernier. »

Les philosophes qui ont attaqué la religion d'Homère auraient dû remarquer que cette piété profonde, qui apparaît à chaque page de ses poëmes, s'explique surtout par le caractère humain qu'il donne aux Dieux. Les hommes n'adresseraient pas leurs prières à des idées pures, à des principes philosophiques qu'ils croiraient inconscients et inflexibles ; mais les Dieux de la Grèce sont à la fois des lois vivantes et des forces libres ; l'homme peut leur parler et ils peuvent l'entendre, parce qu'ils sont de la même nature que lui. Quand les philosophes veulent épurer les idées divines, ils leur ôtent tout ce qu'elles ont d'humain, et l'homme, ne trouvant plus aucun lien entre ses Dieux et lui, se retourne vers les Demi-dieux, les hommes divinisés. Bientôt ces médiateurs eux-mêmes, pour peu que la philosophie cherche encore à les perfectionner, lui semblent trop haut pour ses prières, et il ne lui reste plus pour confidents que ses Dieux familiers, les âmes des morts, qui peuvent toujours le comprendre et qui sont toujours près de lui.

L'Olympe homérique n'est pas à la distance inaccessible des abstractions alexandrines; il est tout peuplé de Dieux humains. L'homme les sent à ses côtés, dans l'air qu'il respire; ils vivent de sa vie, ils s'intéressent à tous ses actes, ils vont jusqu'à se quereller pour lui. Lorsque Achille et Hector vont se livrer un combat suprême, tous les Dieux les regardent. On dirait qu'ils font des succès ou des revers de chaque héros une affaire personnelle, et qu'ils n'ont autre chose à penser que la guerre de Troie. Ni les nombres de Pythagore, ni la démonologie de Platon, ni aucune abstraction métaphysique, n'aurait pu satisfaire les sentiments religieux des Grecs aussi bien que ces Dieux si vivants, dont la providence multiple et spéciale est toujours éveillée, toujours agissante. Ils protégent consciencieusement ceux qui les prient, ils les aident de leurs conseils, ils leur inspirent une audace surhumaine. Souvent même ils détournent ou amortissent les coups de lance. Pendant toute l'Odyssée, Athènè veille sur Ulysse avec une sollicitude ingénieuse et toute maternelle. Ulysse le sait, et, quand son fils a des doutes sur l'issue de la lutte contre les prétendants, il lui dit : « Penses-tu qu'Athènè avec le père Zeus nous suffira, ou chercherai-je un autre auxiliaire? » Télémaque répond : « Ce sont deux bons auxiliaires, ceux dont tu parles, quoiqu'ils soient assis là-haut dans les nues; ils l'emportent sur les hommes et sur les Dieux immortels. » De même, dans l'Iliade,

Apollon protége Hector, ranime ses forces épuisées après le combat contre Ajax, et ne l'abandonne qu'à regret, quand les balances d'or ont annoncé que la vie du héros qu'il aime est arrivée à son terme : aller au delà, ce serait le soustraire à la condition humaine, mais il préserve le corps d'Hector de la pourriture et des oiseaux voraces, en étendant sur lui l'égide aux franges d'or.

Il y a dans Homère bien d'autres exemples de cette pitié des Dieux pour les hommes. Zeus est quelquefois tenté d'oublier, en faveur de ceux qui vont succomber, son rôle de modérateur impartial, et il faut qu'Athènè le lui rappelle, comme lui-même, quand les autres Dieux veulent prendre une part trop active à la lutte, leur rappelle souvent leur devoir. Il déplore la mort de Sarpédon, il déplore celle d'Hector, et, quand celui-ci va livrer ses derniers combats, il lui inspire une grande force pour le dédommager du malheur de n'être pas reçu à son retour dans les bras d'Andromaque. Cette compassion s'étend même aux animaux, qui d'ailleurs sont les frères des hommes, comme les hommes sont les frères des Dieux. Zeus plaint les chevaux d'Achille qui pleurent la mort de Patrocle : « Ah! malheureux! pourquoi vous avons-nous donnés au prince Pélée, un mortel, vous qui êtes exempts de la vieillesse et de la mort? Est-ce donc pour que vous souffriez parmi les hommes misérables? Car de tout ce qui respire et rampe sur la terre, il n'y a rien de plus déplorable que l'homme. »

Mais, soit que les Dieux soumettent le courage de l'homme à de rudes épreuves, soit qu'affligés de ses maux ils lui prêtent une utile assistance, il y a une limite qu'ils ne franchissent pas : jamais ils ne s'imposent à sa conscience, jamais ils ne forcent sa libre volonté. Il reste toujours maître de lui-même ; c'en est assez pour donner à la piété des Grecs un caractère particulier de noblesse et de grandeur. Un Grec demande aux Dieux un heureux succès pour lui ou pour ceux qu'il aime, la victoire dans les combats, la gloire et la puissance, la richesse et le repos, en un mot tous les biens de la vie dont il les croit les dispensateurs suprêmes, excepté un seul, la vertu ; il les remercie d'avoir par leur secours réussi dans ses entreprises, jamais d'avoir fait son devoir. « Mon cher enfant, dit Pélée à Achille, Athènè et Hèrè te donneront la force si elles le veulent ; mais toi contiens dans ta poitrine ton cœur magnanime, car la modération vaut mieux ; évite la discorde malfaisante, afin que les jeunes gens et les vieillards des Argiens t'honorent davantage. »

Cette foi dans la libre volonté de l'homme contribua sans doute à développer la mâle énergie du caractère grec. On peut prévoir qu'un peuple qui respecte la dignité humaine, même en face des Dieux, ne se courbera jamais devant un homme. Ces sentiments survécurent même à la perte de la liberté, et atteignirent quelquefois une exaltation hautaine dont on ne trouve pas un second exemple dans l'histoire. Lorsque la Grèce, affaiblie par des luttes incessantes, inutilement victorieuse de l'Asie, dut céder, moins devant les armes que devant l'astucieuse politique de Rome, elle avait encore, avant de succomber, lancé un dernier défi à la destinée : le Stoïcisme fut le nom de cette fière protestation du génie grec contre le règne de la force. Mais cet immense orgueil, qui bravait la nature et les Dieux en niant la douleur, effraya bientôt les âmes fatiguées. On s'en aperçoit en lisant les pensées de Marc-Aurèle; c'est là qu'on trouve pour la première fois chez les Grecs l'idée, timidement exprimée d'abord, d'implorer le secours des Dieux pour obtenir ce que jusque-là on avait cru au pouvoir de l'homme, la justice et la vertu : « Essaye, dit le saint empereur; tu verras ce qui arrivera. »

Le Stoïcisme, qui tentait une réaction contre l'abaissement et l'atonie des consciences, donna au sentiment de l'indépendance humaine une tension violente et immodérée, inconnue à la morale primitive, qui ne pousse jamais la dignité jusqu'à cet excès d'orgueil. Les légendes des Aloades, de Capanée, d'Ajax, fils d'Oïlée, montraient à l'homme qu'il ne pouvait impunément braver les Dieux. Il y avait même une vague défiance contre un bonheur trop constant qui porte l'homme à s'égaler aux Dieux et lui attire ainsi leur courroux ; c'est cette crainte qui troublait Polycrate et lui faisait jeter son anneau à la mer. La douleur est le prix de la joie, et demander l'une sans accepter l'autre, c'est vouloir se soustraire à la condition humaine et échapper à sa destinée. De là, l'idée des offrandes aux Dieux et des sacrifices : en échange d'un bien qu'on désire, on abandonne un de ceux qu'on possède, et la loi de l'homme paraît satisfaite par cette sorte de compensation.

Il y a, de plus, une pensée d'expiation dans le sacrifice des victimes vivantes. La loi du talion est la première forme de la justice expiatoire chez tous les peuples ; tout crime leur apparaît comme une dette à payer. Quiconque s'empare d'un bien qui appartient à un autre lui doit en échange une valeur égale : il faut la vie du meurtrier pour payer celle de la victime, et il n'y a que le sang qui lave le sang. Mais, dans les échanges entre les hommes, un fils peut acquitter la dette de son père, un ami celle de son ami, et cette loi de transport, qui s'applique trop souvent aussi à la dette du sang, on a pu la croire d'institution divine, en voyant tant de fois les coupables punis dans leurs descendants. Et comme les parents de la victime acceptaient quelquefois une rançon pour la vie du meurtrier, il sembla que les Dieux, gardiens de la justice éternelle, pouvaient aussi se laisser fléchir. (Iliade, IX, 497.) Puisque le sang avait la vertu de purifier les souillures, on offrait celui de quelque victime sans tache, choisie parmi les plus belles du troupeau, parmi celles qui n'avaient pas encore allaité ni porté le joug (Iliade, VI, 309; X, 293), à cause de l'idée de pureté qui s'attache à l'enfance et à la virginité. Le sacrifice parut d'autant plus efficace que la victime était plus précieuse, et, tout sentiment humain ayant ses écarts, le sentiment religieux comme les autres, il dut arriver, surtout chez les peuples où ce sentiment revêt le caractère d'une crainte servile, qu'on immolât des victimes humaines. Mais la punition de Lycaon, la biche substituée à Iphigénie sur l'autel d'Artémis, apprenaient aux Grecs que leurs Dieux repoussaient ces sacrifices impies, en usage chez les barbares. Il restait même un souvenir lointain de l'époque où on ne présentait aux Dieux aucune offrande sanglante. (Pausanias, VIII, 2.) Plusieurs divinités grecques ne reçurent jamais d'autre offrande que des fruits : trois lois antiques étaient conservées, selon Porphyre, dans le sanctuaire d'Éleusis : « Honore tes parents ; offre aux Dieux les fruits de la terre ; ne tue pas les animaux. » Sans doute ce ne fut pas sans remords que l'homme s'accoutuma à détruire la vie des autres êtres pour entretenir la sienne. Il essaya du moins, en associant les Dieux à ces immolations, de leur ôter le caractère de meurtre, comme s'il ne faisait alors que renvoyer ces existences à ceux qui les avaient données. Dans Homère, on ne tue pas un animal sans que ce soit en l'honneur des Dieux ; on le leur consacre d'abord, puis, le sacrifice accompli, on leur en présente les prémices, et les hommes se partagent le reste.

Cette pieuse coutume d'offrir aux Dieux la première part de tous les biens qu'ils donnent aux hommes a excité la gaieté de Lucien et d'Athénée et l'indignation de plusieurs philosophes, qui n'ont vu dans ce témoignage de reconnaissance qu'un marché honteux pour la majesté divine. A force de se montrer plus jaloux de la dignité des Dieux que les Dieux eux-mêmes, on retrancherait de la religion toute espèce de culte. Si les Grecs n'avaient cru leurs offrandes agréables aux Dieux, ils auraient laissé les Dieux dans ce lointain vague, si voisin du néant, où les reléguèrent les Épicuriens. Le culte, destiné à rappeler à l'homme, par un signe extérieur, qu'il n'est pas isolé dans l'ensemble des choses, est un élément indispensable à la religion. Si la piété naïve des premiers âges donne à ce tribut la forme d'un don librement offert et reçu avec plaisir, il n'y a là matière ni à rire ni à s'indigner. L'homme conserve sa dignité, même en faisant acte de soumission ; il s'adresse aux Dieux, non comme un esclave à ses maîtres, mais comme un suppliant à l'hôte dont il implore l'assistance. Les Grecs parlaient aux Dieux debout et le front levé, dans la noble attitude qui distingue l'homme entre tous les autres êtres ; quelquefois même ils faisaient leurs prières assis ; ils exposaient leurs vœux simplement, avec respect, mais avec confiance, sans terreur et sans humilité.

Nous sommes souvent surpris du ton familier d'Ulysse avec Athènè, sa protectrice, et, en général, des allures indépendantes des héros d'Homère avec les Dieux. Nous sommes presque blessés de voir, dans un célèbre passage de l'Odyssée, qui d'ailleurs passe pour une interpolation, le chanteur Demodocos travestir en une scène comique, pour amuser les convives, ce grand symbole des filets d'Hèphæstos, qui représente l'Amour unissant dans des liens indissolubles les principes contraires, pour leur faire engendrer l'Harmonie. Plus tard, sur le théâtre d'Athènes, Aristophane plaisantait les Dieux et se moquait de Dionysos aussi librement que du peuple souverain. Rien de tout cela ne choquait les Grecs ; ils n'avaient pas ce qu'on appellerait aujourd'hui la bosse de la vénération. Leur piété n'en était pas moins vive : ils sentaient partout la présence des Dieux, ils les regardaient, non comme des despotes sévères, mais comme des amis et des protecteurs bienveillants ; ils les associaient à tous les actes de leur vie, ils les conviaient à toutes leurs fêtes, car le bonheur de l'homme est un hymne de reconnaissance. Dans ces fêtes joyeuses ils s'égayaient avec eux, quelquefois même à leurs dépens ; mais les Dieux indulgents de la Grèce ne s'offensaient pas des innocentes railleries des poëtes, leurs premiers et leurs véritables prêtres, et la gaieté du peuple montait vers le ciel comme un concert de bénédictions.

La religion consacre le lien des hommes entre eux, en même temps qu'elle relie l'homme aux Dieux; le culte public rattache la religion à la morale. En Grèce, le culte privé a peu d'importance; les prières se font en commun, et chacun fait des vœux pour tous : « Verse tes pluies, cher Zeus, sur les champs des Athéniens. » Les sacrifices sont offerts par tout le peuple, et se terminent par des banquets fraternels présidés par les Dieux, dont les poëtes célèbrent les louanges au son des flûtes et des lyres. Les théories, les chœurs et les danses sacrées donnent à ces fêtes un caractère de sérénité grave, et tempèrent l'expansion de la joie populaire par le sentiment du rhythme et de la mesure. Parmi ces fêtes, les unes correspondent aux phases de la vie de la nature, aux saisons de l'année, et rappellent les premiers bienfaits des Dieux et les premières conquêtes de l'homme : ce sont les fêtes du travail et de l'agriculture, célébrées aux époques des semailles, des récoltes et des vendanges. Les autres se rattachent aux premiers développements de la vie sociale et policée, à la fondation des villes, à leur constitution, aux alliances des différents États.

La musique et la poésie, les luttes gymniques, les

courses de chars, forment le fond commun de ces fêtes, sortes de concours pacifiques qui entretiennent une salutaire émulation entre les cités grecques. Toutes ces communes indépendantes, dont chacune a sa vie propre, ses traditions locales, trouvent un lien religieux dans ces jeux sacrés célébrés sous le regard protecteur des Dieux de la patrie. Les réunions se font à des intervalles réglés, sur différents points de la Grèce, pour assister au plus beau spectacle qui puisse réjouir les regards des hommes et des Dieux, celui des nobles exercices du corps et de l'esprit, dont la culture parallèle sert de base à la morale des Grecs. La concorde et la paix; tous ces peuples assemblés aux fêtes de la force et du génie; l'élévation des âmes vers l'idéal divin devant sa révélation la plus évidente et la plus limpide, la beauté humaine : tel est le culte qui convient à ces Dieux sculptés dans le marbre de Paros, jeunes et beaux comme ce peuple d'athlètes qu'ils protégent; l'homme les imite par la lutte et l'activité féconde, il les honore par la joie et le bonheur, et il leur offre dans ses fêtes, comme la plus digne action de grâces, le spectacle même de leurs bienfaits.

CHAPITRE III

CONSÉQUENCES PRATIQUES DE L'HELLÉNISME. INDUSTRIE, ART. MORALE SOCIALE.

Développement parallèle du corps et de l'esprit. — Droit et devoir. — La cité grecque; l'autonomie et l'isonomie, le courage et la justice. — Force du lien social chez les Grecs. — Le polythéisme grec comparé, dans ses conséquences morales, avec le panthéisme indien et le dualisme iranien. — Le travail, base de la propriété en Grèce. — Agriculture et industrie. — Comparaison de l'art grec et de l'art égyptien; parallèle de l'art et de la morale.

Il y a un rapport nécessaire entre la morale des peuples et leur religion. Dans le monothéisme, la loi, c'est la soumission absolue à la toute-puissance divine. L'homme ne pourrait trouver sa route dans le sable sans bornes; mais la colonne de feu le guide, et du milieu des éclairs la loi descend comme une manne bénie. Le peuple recueille avec reconnaissance, mais aussi avec crainte, la parole de celui dont la colère est un feu dévorant comme le vent du désert. Dans le polythéisme, chaque être est une force indépendante qui a sa loi en lui-même, et c'est de l'action libre de ces forces et du concours de ces lois que résulte l'harmonie du monde. Les Dieux sont les gardiens des lois éternelles, mais ils ne pourraient ni les changer ni les détruire, car ces lois sont la nature et l'essence propre des choses, leur part spéciale, leur destinée. La morale, la loi de l'homme, est une des formes particulières de ces règles immuables. L'homme la connaît par une révélation spontanée de sa conscience en même temps qu'il se connaît lui-même, car elle n'est pas distincte de lui; elle est sa condition normale, et consiste dans le libre et harmonieux développement de toutes ses énergies. C'est en vivant selon sa propre nature qu'il accomplit sa destinée et concourt pour sa part à l'harmonie universelle.

Cette idée de l'harmonie universelle, du κόσμος, comme l'appelèrent depuis les philosophes, idée républicaine qui est particulière à la religion des Grecs, a pour conséquence naturelle une morale essentiellement politique et sociale. Les Grecs ne supposent jamais l'homme en dehors de la société; leurs traditions ne leur parlent pas d'un premier homme, parce qu'il ne semblait pas possible qu'à aucune époque l'homme eût pu vivre seul. L'éducation, qui est une introduction à la morale sociale et à la vie politique, fait de l'enfant un homme, et de l'homme un citoyen. Elle assure la santé de l'âme par celle du corps. La gymnastique donne au corps la force et la beauté ; la robuste jeunesse prélude par les salutaires fatigues de la palestre aux rudes travaux de la guerre et à la défense de la patrie, et par cette gymnastique de l'esprit, que les Grecs nommèrent la musique, à la pratique des vertus viriles et à l'exercice du droit, qui est la liberté. Chacun de ces nobles exercices de l'esprit et du corps a quelque Dieu pour inventeur. Poseidon, Hèraclès, Apollon et les fils jumeaux de Zeus enseignent l'équitation, la lutte, le disque et le pugilat ; Hermès Enagonios, père de Palæstra, préside aux jeux sacrés ; Athènè l'ouvrière (Ἐργάνη) enseigne aux filles les travaux de leur sexe, aux hommes les arts de la guerre, et le chœur harmonieux des Muses, conduit par Apollon Musagète, règle les danses religieuses et tempère par la mélodie les mouvements violents de l'âme. C'est ainsi que, par une juste pondération de ses facultés natives, par le développement parallèle du corps et de l'esprit, l'homme se crée lui-même et réalise en lui son idéal ; comme Hèraclès, qui étouffe des monstres dans son berceau, il s'affranchit par le travail et la lutte du joug de la nature, et le sentiment de sa force est une révélation de son droit.

Mais en même temps qu'une force libre, qui est sa volonté, l'homme sent en lui une règle, qui est sa conscience ; loi infaillible qui soumet la volonté, comme les Dieux domptent les Titans. Cette lumière intérieure lui montre dans chacun de ses semblables une force libre comme la sienne, un droit égal à son droit. De même que les lois éternelles maintiennent l'ordre du monde par l'équilibre des forces, ainsi la loi morale limite le droit de chacun, qui est la liberté, par le respect du droit d'autrui, qui est le devoir, au nom de l'égalité, qui est la justice. Dikè, dont le nom signifie proprement le partage égal (1), a pour attribut la balance. D'après la mythologie grecque, qui enveloppe toujours dans les mêmes symboles le monde humain et le monde extérieur à l'homme, les Heures, les Saisons qui partagent l'année, qui conduisent les chars célestes et ramènent tour à tour les fleurs et les fruits, se nomment Dikè, Eunomia et Irène, c'est-à-dire la justice égale, l'ordre et la paix. Elles sont filles de Thémis, aussi bien que les Moïres, les conditions propres, les causes finales des êtres. Thémis, c'est la règle immuable, la loi absolue; c'est elle qui convoque dans l'Olympe l'assemblée des Dieux : au ciel comme sur la terre, la loi n'est que l'accord des forces libres, l'union des volontés.

Thémis est la loi des Dieux, l'expression collec-

(1) Aristote, qui définit la justice par l'égalité, fait dériver Δίκη de δίχα, en deux parts égales. (Ethic. Nicomach., V, 7.) Il est plus grammatical de dire que ces deux mots ont pour étymologie commune l'adverbe δίς. En donnant à δίκη son sens propre, l'égalité, on s'explique l'origine de l'expression adverbiale δίκην, *comme, à l'égal de*. Le latin confond aussi sous un même mot l'égalité et la justice, *æquus, æquitas*. Quant à Thémis, son nom a la même racine que θεός, θεσμός; Dikè, fille de Thémis, signifie, en traduisant la langue des mythes, que l'égalité des droits est l'expression de l'ordre.

tive et générale des rapports dans la nature; Dikè, sa fille, est la loi des hommes, la forme particulière des rapports entre des êtres égaux. La connaissance de cette loi est la Morale; fruit spontané de la conscience humaine, c'est elle, comme le dit Hésiode, qui distingue l'homme entre tous les animaux. Elle a pour principes le droit et le devoir. Le droit est l'exercice régulier des énergies individuelles, la liberté considérée dans chacun; le devoir est la réflexion du droit dans la conscience, la liberté de chacun considérée dans ses égaux. Tout homme, en reconnaissant dans les autres hommes ses semblables et ses égaux, avoue leur liberté et proclame son propre devoir, qui est de respecter en eux la liberté qu'il s'attribue à lui-même; et réciproquement, au nom de cette même égalité, en reconnaissant son devoir, il affirme le leur, qui est de respecter en lui la liberté qu'ils réclament pour eux. Sans le droit, le devoir manque de base et il n'y a plus de morale; sans le devoir, le droit manque de règle et il n'y a plus de société. Droit et devoir sont des termes corrélatifs qui n'ont de sens que l'un par l'autre et n'expriment que le double aspect d'une même idée. Les deux formes du droit, la liberté et l'égalité, ou, comme disent les Grecs, l'*autonomie* et l'*isonomie*, correspondent aux deux formes du devoir, le courage et la justice. La liberté qui se défend contre l'agression se nomme le courage; l'égalité qui se maintient contre l'usurpation s'appelle la justice. « Le bonheur, c'est la liberté ; la liberté, c'est le courage, » dit Périclès dans la magnifique oraison funèbre que Thucydide lui fait prononcer. Une différence de terminaison distingue en grec la justice comme droit et la justice comme devoir, δίκη et δικαιοσύνη, l'égalité et l'équité. Le courage et la justice sont les deux grandes vertus sociales : le courage est l'essence et l'attribut de l'homme, comme l'indique son nom, ἀνδρεία ; la justice est, comme le dit Théognis, le résumé de toute vertu. La justice est la garantie du droit, le courage en est la sauvegarde ; ainsi le devoir est l'affirmation et la revendication du droit. Assise auprès de Zeus, Thémis l'entretient sans cesse : c'est l'intelligence qui consulte et médite la loi. Aux côtés de Zeus se tiennent la force et la puissance, auxiliaires de la justice ; ainsi la force est sanctifiée en devenant la protectrice du droit. Arès, le courage guerrier, est appelé par Homère le soutien de la loi.

Le polythéisme a pour principe l'indépendance des forces ; dans l'univers et dans les sociétés humaines, l'ordre est le concert des volontés libres ; le droit social a pour base le droit individuel ; l'autorité de la loi s'appuie sur le consentement de chacun. La cité, la république, πόλις, est une société volontaire qui a pour conditions normales l'autonomie et l'isonomie, c'est-à-dire l'ordre dans la liberté et dans l'égalité. La loi n'est pas imposée par une volonté plus forte à une volonté plus faible, pas même par la puissance divine à la faiblesse humaine; c'est un accord libre et spontané entre égaux. L'expression, le signe extérieur de cet accord, de ce pacte volontaire, est le serment, mot redoutable, qui inspire aux Dieux comme aux hommes une religieuse terreur ; car, d'après Hésiode, les Dieux eux-mêmes, s'ils se parjuraient, seraient rejetés de la société de leurs égaux. Cette parole, qui sonne étrangement pour des oreilles modernes, s'explique par le double caractère des Dieux, qui sont à la fois des lois immuables et des forces libres. Sous ce dernier aspect, ils sont les gardiens des lois, et doivent s'y soumettre eux-mêmes. Les Grecs auraient craint d'ôter à la loi son caractère absolu en la confondant avec une volonté arbitraire, fût-ce une volonté divine. Si la force, dans le langage poétique, peut prendre des proportions humaines, la loi conserve toujours son infaillible autorité. Or le serment est comme un résumé de la loi elle-même, puisque la loi est l'expression d'un rapport fixe, rapport qui, entre des êtres libres, prend la forme d'un pacte juré. Le serment, qui garantit la durée des accords, qui relie même les morts aux vivants et l'avenir au passé, est sous la garde des graves Déesses, filles de la nuit; des Euménides, bienveillantes au bon, terribles au méchant, qui punissent, dans ce monde et dans l'autre, le meurtre et le parjure, les plus grands de tous les crimes, car toute société repose sur le respect de la vie humaine et des conventions jurées.

Comme l'état social n'est pas une chaîne imposée, mais un engagement libre et volontaire, chacun de ceux qui jouissent des bienfaits de la vie policée doit consacrer tout ce qu'il a de force à la défense de la loi. Celui qui lui sacrifie sa vie ne dépasse pas les limites de son devoir ; envers sa patrie comme envers ses parents, l'homme a toujours une dette antérieure à payer. Et non-seulement le pacte social doit être maintenu dans son ensemble, mais il doit être préservé de toute atteinte dans chacun des membres de la république. La loi est sous la sauvegarde de tous, et, si le droit public est violé dans la personne d'un seul, tous doivent prendre en main la cause commune. Lorsqu'un membre est blessé, le corps tout entier ressent la blessure ; tel est, comme le disait Solon, le caractère d'une cité bien ordonnée. L'homme n'est pas en règle avec la loi pour s'être abstenu de la violer, il faut encore qu'il la défende. Pour se mettre à l'unisson des harmonies célestes, il doit établir l'ordre en lui-même et hors de de lui ; c'est par l'active énergie de la lutte qu'on imite les Dieux. Le courage est l'auxiliaire de la justice. Sans la haine du mal la vertu serait stérile. Les grands héros qui ont mérité l'apothéose sont des dompteurs de monstres et des redresseurs de torts.

Thésée détruit les brigands, délivre les captifs voués au Minotaure, et établit la démocratie dans Athènes. Hèraclès, le vainqueur des hydres et des lions, perce de ses flèches l'aigle du Caucase et délivre Prométhée ; il réconcilie la terre et le ciel.

Le devoir social ne s'applique pas seulement à prévenir ou détruire le mal qui vient de la violence des hommes, il s'etend à la réparation de tous les malheurs qui peuvent frapper la société dans un de ses membres. Les maux que les Dieux envoient à l'homme, en même temps qu'ils sont des épreuves pour son courage, sont aussi pour ses semblables des occasions d'exercer leur vertu. La justice, cette loi sainte qui mêle une note humaine à l'harmonie du monde, corrige les erreurs de la destinée ; elle ne dément pas son caractère, qui est l'égalité, en attribuant plus de droits au faible, plus de devoirs au fort ; de là le respect des orphelins, des étrangers, des suppliants, des vieillards. « C'est de Zeus que viennent les mendiants et les pauvres, dit Homère ; sous la figure d'étrangers et de suppliants, les Dieux parcourent les villes pour éprouver la justice des hommes. » De là aussi, les autels élevés à la Pitié ; de là, le culte rendu à la Bienfaisance, la forme la plus large de la justice. Eurynomé, la large loi, a pour filles trois Déesses, les trois sœurs inséparables, les bienfaisantes, les Charités, dont les beaux bras enlacés expriment par un gracieux symbole les liens mutuels et réciproques de la générosité et de la reconnaissance ; ce que l'une reçoit de l'autre, elle le rend à la troisième. Elles sont la joie de la nature, la grâce et la beauté du monde, le charme divin de la vie, et elles enchaînent tous les êtres dans les liens bénis de l'universel amour.

Quand l'esprit public s'éteignit en Grèce avec la liberté, l'active énergie des premiers siècles fit place à une abnégation indifférente et passive. L'empereur Marc-Aurèle ne pouvait pas plus que l'esclave Épictète arrêter la décadence du monde, et il suffisait à ces âmes pures de conserver le culte de la justice dans le sanctuaire de leur conscience immaculée. Au milieu d'une société énervée et servile, il était bien permis aux Stoïciens de répondre à toutes les tyrannies du dehors par le mépris du sage, et, dégoûtés du présent, de chercher la liberté dans le monde intérieur. Mais, dans les jours de jeunesse et de force, cette résignation eût été de la faiblesse, et cette sérénité, de l'égoïsme ; car alors le droit public avait pour base le droit individuel, que nul ne devait laisser violer en sa personne ; c'était l'héritage sacré des ancêtres qu'il fallait transmettre à ses enfants : dédaigner d'en prendre sa part, c'était compromettre celle des autres ; supporter une injure, c'était encourager la violence, c'était contribuer par sa lâcheté au triomphe de l'injustice. Si le droit outragé cédait sans résistance, le monde serait bientôt la proie de l'iniquité. Quelle qu'en soit la victime, toute agression doit être repoussée au nom de la sainteté de la loi. C'est seulement lorsque le coupable a reconnu sa faute, lorsqu'il a essayé de la réparer, qu'il est admis aux purifications expiatoires. Alors il revêt le caractère sacré du suppliant; le repentir satisfait l'éternelle justice, et il ne reste place que pour le pardon et l'oubli. On connaît la touchante allégorie des prières dans l'Iliade : elles suivent de près Atè, l'erreur et le vertige qui pousse l'homme à l'injustice, et elles réparent ses outrages. Ceux qui les écoutent, elles les exaucent toujours ; mais, si on les rebute, c'est Atè à son tour qui venge leur injure, et punit ceux qui n'ont pas pardonné.

Cette mutualité de droits et de devoirs, cette égalité fraternelle des volontés libres qui faisait la force du lien social chez les Grecs, était à leurs yeux la principale cause de leur supériorité sur les barbares. « Les Grecs ne sont ni les esclaves ni les sujets d'un homme, » dit Æschyle dans sa tragédie des *Perses*. Ils croyaient que là où il n'y a pas de droits communs, il n'y a pas de société, mais seulement une troupe d'hommes rassemblés par la force, maintenus par la crainte, des sujets, pas de citoyens. « Entre les loups et les brebis, il n'y a pas de serments sincères, » dit Homère. Tandis que, dans une société d'égaux, où le droit social n'est que la réunion des droits particuliers, c'est l'énergie de chaque citoyen qui maintient l'ordre au dedans et la paix au dehors, et garantit la durée de la cité, sous le règne de la force, le repos et le silence sont d'autant mieux assurés, selon la remarque d'Aristote (*Polit.*, V, 2), que les sujets y sont plus dépourvus des vertus viriles, et que la puissance du nombre est annulée par la faiblesse de chacun. Le dévouement à la patrie et aux lois, qui était la vie des cités grecques, était remplacé chez les barbares par une soumission passive, qu'on apprécie dans les animaux domestiques, mais qui semble peu digne de la grandeur de l'homme : un chien fidèle vaut mieux qu'un esclave humble et craintif. L'obéissance n'est pas la vertu, et, si la morale est la distinction du bien et du mal, elle ne peut exister que là où il y a choix volontaire.

Pour apprécier la portée morale de l'Hellénisme et marquer sa place dans l'histoire des idées, il faut le comparer, dans son principe et dans ses conséquences pratiques, avec les religions sorties de la même source, avec les religions des peuples qui appartiennent, comme les Grecs, à la grande famille des Aryas, tels que les Hindous et les Iraniens. Dans le panthéisme de l'Inde (1), le monde est un être unique, dont les mille manifestations, que nous nom-

(1) Le Véda, quoique écrit en sanskrit, est le patrimoine commun de la race Arya, dont il représente le polythéisme primitif. Le panthéisme n'apparaît que dans les épopées qui appartiennent en propre à l'Inde brahmanique.

mons les être finis, n'ont pas d'existence propre, et partant, aucun droit individuel. En niant le droit de l'homme, le Panthéisme aboutit au fatalisme et à l'inertie de la résignation. Toute moralité disparaît avec la liberté; il n'y a ni bien ni mal, mais l'action multiple de l'Être unique. Chaque partie du grand tout est renfermée dans une prédestination irrésistible comme dans une cellule close. Astre ou plante, homme ou bête, chacun de nous a sa fonction dans le grand corps du monde, comme chaque membre a sa fonction dans le corps humain, et le Çudra ne peut pas plus remplir le rôle du Brahmane que les membres celui de l'estomac. C'est le système de la hiérarchie et des castes. Le polythéisme hellénique, au contraire, considère le monde comme une fédération de forces distinctes et de lois multiples. L'homme est une de ces forces, et il a sa loi propre. Dans la société comme dans l'univers, l'ordre n'est que l'accord des volontés libres dans l'unité abstraite de la loi. La cité, union spontanée de volontés indépendantes, est incompatible et contradictoire avec toute espèce d'hiérarchie et de castes; entre les associés qui la composent il peut y avoir différence de fonctions, jamais inégalité de droits.

Dans le dualisme de l'Iran, le monde est un immense champ de bataille où luttent éternellement le bien et le mal, la lumière et les ténèbres; c'est une guerre à mort, avec deux armées en présence, et des deux parts l'inflexible hiérarchie militaire et la discipline despotique d'un camp. Il faut que l'homme s'enrôle sous le commandement d'Ormuzd et combatte à sa suite. La loi du soldat, c'est l'obéissance muette; elle a pour principe l'autorité, pour sanction la crainte, pour gardien le glaive. Cette vivace religion de la guerre a toujours porté les mêmes fruits; les peuples qui ont successivement dominé la haute Asie ont tous eu pour forme politique la monarchie féodale. L'idée de la lutte existe aussi dans l'Hellénisme, mais avec un tout autre caractère. L'opposition des principes engendre l'harmonie. Les querelles des Dieux sont la condition de la vie universelle, comme les agitations de l'agora sont la condition de la vie politique dans les cités. Le monde est moins un champ de bataille qu'un gymnase. L'homme descend dans l'arène comme un athlète, parce que la lutte est un exercice salutaire et qu'une gloire immortelle en est le prix. Dans cette mêlée générale des forces vives de la nature, les sociétés humaines entrent comme des corps francs, comme des bandes de volontaires libres, dont la discipline intérieure est réglée par un mutuel accord. La loi ne descend pas du ciel, elle naît du concours harmonieux des volontés unies; elle a pour principe la justice, pour but la liberté, pour sanction la conscience. La morale n'est pas la soumission passive, c'est l'action régulière de toutes les forces de l'homme. Pour les développer, chacun lutte d'abord contre lui-même : il dompte ces Titans intérieurs, ces passions déchaînées, qui troubleraient la paix du fraternel bataillon dont il fait partie ; c'est une émulation de sacrifices réciproques. En même temps, pour déblayer le sol de la conquête, il faut lutter aussi contre ces obstacles sans nombre que la terre enfante sous les pas de l'humanité.

La morale grecque est la morale active de la lutte et du travail. Nulle place pour cette oisiveté contemplative des sociétés orientales ; « la paresse est haïe des Dieux, » dit Hésiode. Son nom en grec est synonyme de lâcheté. Le travail n'est pas une punition, il est la loi même de l'homme, le légitime emploi de sa force et de sa liberté ; c'est par le travail qu'il se rapproche des Dieux. La forme la plus ancienne et la plus sainte de l'industrie humaine, l'agriculture, qui fait servir la nature aux besoins de la vie de l'homme, est un don de la grande déesse, Dèmèter, la législatrice, Thesmophore, car c'est en substituant le travail pacifique à la rapine et à la violence que les hommes sortent de la barbarie primitive et se constituent en société policée. Ce rôle de civilisateur fut aussi par la même raison attribué à Dionysos, dont le culte prit une si grande extension à mesure que la vigne devint une source de richesses pour les Grecs. Ce culte fut bientôt associé à celui des Déesses de l'agriculture, Dèmèter et Korè, principalement chez les autochthones de l'Attique. Le rapport si naturel entre les travaux de la terre et la civilisation s'y traduisit encore sous une autre forme par les légendes locales des filles de Cécrops, associées avec la Déesse qui fit présent aux hommes de l'olivier sacré, symbole de la paix.

Par le travail, l'homme s'affranchit de la nature, il la domine et la transforme. Il y a eu des sociétés qui ont blasphémé le travail; elles en ont été punies par des siècles de barbarie. L'oisiveté des peuples pasteurs de l'Orient donna naissance à une caste sacerdotale absorbée dans la vie contemplative; la violence sauvage des races barbares de l'Occident produisit une oligarchie militaire. Des deux côtés, le travail fut abandonné à la caste inférieure, qui cultivait le sol pour nourrir les castes oisives. La propriété n'étant qu'un privilége, n'avait pas de base morale. L'appropriation n'est qu'un fait; pour être maître du sol, il ne suffit pas de l'enclore d'un fossé, il faut le cultiver. Avant d'être fécondée par l'industrie humaine, la terre est le patrimoine commun de tous les êtres vivants, hommes ou bêtes, qui la foulent sous leurs pas; c'est le travail qui donne à l'homme un droit sur la nature. La morale grecque, qui a pour base le droit individuel et la responsabilité des œuvres, fonde la propriété sur le travail personnel et attribue la récolte à celui qui a semé. L'essence du droit est la justice égale et réciproque, et tout droit suppose un devoir correspondant. La propriété, pas plus que la liberté, ne peut être un privilége ; elle est garantie par le respect de chacun pour le droit de ses égaux, qui est le sien. La clôture des champs est sous la protection de Zeus ἕρκειος, et la vierge Hestia veille sur la pierre du foyer, élément fondamental de la cité grecque. Homère parle avec horreur de ceux qui ne cultivent pas la terre, et de ceux qui n'ont ni société, ni lois, ni foyer. Cette malédiction ne s'adresse d'ailleurs qu'à ceux qui restent volontairement à l'état sauvage ; un homme qui, par suite d'un malheur envoyé par les Dieux, est privé de ces biens inestimables, a droit au contraire à la protection et au respect.

Après l'agriculture, se développent successivement les autres formes du travail humain, placées d'une manière générale sous l'invocation d'Athènè, de Prométhée et d'Hèphæstos. La plus ancienne et la plus utile des sciences, la médecine, est enseignée par Apollon et son fils Asclèpios. C'est aussi Apollon, le Dieu prophète, qui enseigne la science des présages, complément de l'agriculture et première ébauche de la météorologie. Poseidon protége la navigation ; Hermès, le commerce et les échanges. Les villes naissent au son des lyres ; la poésie préside à tous les travaux, et un respect égal entoure toutes les branches de l'industrie humaine. Mais, dans celles qui sont d'une utilité plus immédiate pour le développement du bien-être matériel, les Grecs semblent avoir été dépassés par plusieurs peuples d'Asie. Il en est une dans laquelle ils n'ont pas de rivaux, la plus élevée de toutes, l'art. Chez certains peuples, l'art est proscrit par la religion; mais partout où il existe, il est l'industrie divine par excellence; il naît et grandit à l'ombre des temples, se mêle intimement au culte et prend l'empreinte particulière des idées religieuses qu'il est chargé d'exprimer. Toutes les fois que l'homme donne un corps à sa pensée, soit qu'il règle par la politique les rapports sociaux, soit qu'il crée par la plastique des formes réelles ou imaginaires, il cherche toujours à reproduire dans son œuvre ce qu'il voit ou croit voir dans les œuvres divines ; l'art de chaque peuple est, comme sa morale, une conséquence de sa religion.

La sculpture, l'art de Prométhée, semblait une usurpation de la puissance divine à cette énergique théocratie juive qui fonda l'unité nationale sur le monothéisme. Comment enfermer l'Infini dans une forme? L'art ne peut se contenter d'un type unique, et la variété des types divins aurait brisé tôt ou tard l'unité du dogme. Aussi, de tous les préceptes de la Bible, celui qui est répété le plus souvent, celui dont l'oubli entraîne les malédictions, les fléaux et les servitudes, c'est la défense de sculpter des images. Il n'y a que la musique et la poésie, cette austère et monotone poésie des psaumes, qui puissent glorifier dignement celui qu'aucune langue humaine ne peut nommer. Les Perses, dont la religion est presque une variante du monothéisme, regardaient comme impie l'usage des temples et des simulacres divins. Dans leurs invasions en Grèce, ils s'acharnèrent à détruire les temples, et les Grecs, après la victoire, s'engagèrent à n'en pas relever les ruines, mais à les laisser subsister comme des monuments éternels de la fureur sacrilége des barbares.

Les Indiens et, parmi les peuples les plus voisins de la Grèce, les Assyriens et les Égyptiens, élevèrent des monuments gigantesques et les remplirent d'images peintes ou sculptées. Sans doute les Grecs ont pu recevoir de ces peuples les premiers rudiments de l'architecture, de la peinture et de la statuaire, soit par les navigateurs phéniciens, soit par l'intermédiaire des Lydiens, voisins par leur position des nations les plus civilisées de l'Asie, et des Grecs par leur origine. Mais ils ont pu aussi, spontanément, sans beaucoup d'efforts et sans enseignement préalable, concevoir ces idées si simples de bâtir une cabane, de charbonner une silhouette sur un mur, et de tailler dans un morceau de bois de grossières images, comme les sauvages de l'Amérique en savent faire sans avoir pris de leçons de l'Égypte; puis, par la seule force de leur génie, passer de la cabane au temple, de la silhouette à la peinture, et des fétiches de bois à la frise du Parthénon. Cette question des origines n'a pas, au fond, une très-grande importance ; il en est de l'art des Grecs comme de leur religion : en supposant qu'ils aient emprunté l'enveloppe de leurs symboles aux peuples qui les ont précédés, ils en ont revêtu une pensée entièrement neuve et originale. De même aussi, lorsqu'on pourrait prouver qu'ils ont reçu de ces peuples, beaucoup plus anciens qu'eux, quelques procédés techniques, ils n'en auraient pas moins introduit dans l'art un élément fondamental que nul ne pouvait leur donner, car nul ne le possédait, le sentiment de la beauté.

Quand on compare l'art grec avec celui de tous les autres peuples de l'antiquité (ne parlons pas des modernes, puisqu'ils reconnaissent les Grecs comme leurs initiateurs et leurs maîtres), on ne trouve pas seulement entre eux une différence de degré, mais une différence de nature. L'insuffisance du langage nous oblige à leur donner le même nom ; mais, si l'on définissait l'art la réalisation du beau par les œuvres humaines, il faudrait dire que la Grèce seule a eu un art. Les races primitives, ces Titans de l'humanité, entassaient des montagnes de granit ; les temples des Dieux olympiens n'ont pas cette grandeur massive qui écrase la pensée : ils ont la beauté qui l'élève vers les sereines régions de la lumière ; ils sont proportionnés à ces Dieux humains qui les habitent. Les autres peuples avaient cherché le divin dans la nature, la Grèce le trouva dans l'homme ; ils avaient eu des tailleurs de pierre, elle eut des sculpteurs.

Elle fut créatrice dans le sens le plus élevé, elle découvrit des idées et les incarna dans des formes divines ; elle donna des corps immortels à ces Lois de proportion et d'harmonie qui se révèlent dans l'ordre physique par le beau, dans l'ordre moral par le juste, et qu'elle appelait ses Dieux.

L'art égyptien, et en général l'art sacerdotal, n'est qu'une sorte d'écriture, un ensemble de signes figurés auxquels, par une convention arbitraire, on a attaché un sens abstrait. Expression du culte de la force, c'est-à-dire du fait, il a atteint son apogée lorsqu'il est parvenu à traduire chaque ordre de faits, dans sa plus haute généralité, par des formes, ou plutôt par des formules hiératiques, consacrées dès l'origine par l'autorité de la théocratie et transmises comme une science, dans leur rigueur invariable, aux ouvriers chargés de les reproduire. Les caractères distinctifs des espèces animales ou des races humaines sont bien saisis ; mais toutes les représentations d'une même forme semblent exécutées d'après un modèle unique. Rien ne distingue un sphinx d'un autre sphinx, un ibis d'un autre ibis, un roi d'un autre roi. Chaque attitude, celle de la prière ou du commandement, par exemple, est toujours figurée de la même manière et avec une précision mathématique.

Il n'y a pas loin de ces types consacrés par la tradition et imposés par l'autorité, à ce que Platon nomme les Idées, à ces formes générales qui constituent les espèces et donnent l'existence aux individus, comme le moule dans lequel on coule la statue, comme le coin qu'on imprime sur la médaille. Que Platon ait eu ou n'ait pas eu conscience de cette analogie, on ne peut donc s'étonner qu'avec ses tendances théocratiques et panthéistes, il ait préféré, tout artiste qu'il était, les formules inflexibles de la peinture et de la sculpture égyptiennes à l'art libre de son pays, de même que Voltaire, malgré tout son esprit, vante souvent la Chine, parce qu'il croit y retrouver sa théologie raisonnable et ennuyeuse. Mais la décision souveraine de l'humanité tout entière a cassé ce jugement de Platon. Qu'a-t-il donc manqué à l'art égyptien pour atteindre la perfection suprême de l'art grec ? Bien peu de chose en apparence, rien peut-être qui soit saisissable au regard de l'analyse, rien que la différence qui sépare un corps vivant d'un cadavre embaumé. Les organes sont les mêmes, et entre la vie et la mort il n'y a que l'épaisseur d'une lame de couteau ; mais cette imperceptible distance est un abîme sans fond que l'Égypte n'a jamais pu franchir. Là, une théocratie pétrifiante enferme un peuple de momies dans la nécropole des castes ; un art hiératique fige sa pensée dans des moules immuables, sarcophages de ces créations mortes. La Grèce tomba dans une extase naïve devant la muette immobilité de ce monde d'automates, comme on est séduit par la majesté grandiose des montagnes et des rochers. Ce premier-né des peuples semble avoir l'éternité de la matière qu'il adore, comme il en a l'inertie. Il était facile à une pareille société de durer de longs siècles ; elle n'a jamais vécu ; elle est immortelle comme les pierres.

Les artistes grecs savaient aussi bien que les Égyptiens, et sans avoir besoin d'aller s'instruire ailleurs, que les formes absolues des choses ont un caractère de persistance et de durée que ne peuvent avoir leurs expressions particulières, exemplaires plus ou moins incomplets d'un type normal qui est leur règle et leur loi. Ils savaient d'une manière inconsciente et sans connaître la théorie des Idées, car l'art devine et ne déduit pas, que l'espèce domine les individus, qu'elle était avant eux, qu'elle sera après eux, qu'elle en est la véritable existence, et qu'il n'y a rien de plus réel que l'idéal. Comme le minéralogiste retrouve par le clivage les formes géométriques régulières dans les cristaux incomplets que la nature ou la chimie lui présentent, ainsi Zeuxis, peignant Hèrè d'après les plus belles filles d'Agrigente, élaguait les différences accidentelles et retrouvait ainsi le modèle qu'il avait rêvé. Mais, ce modèle retrouvé par la pensée, l'art lui donnait le mouvement et la vie. Quand cet art n'était encore qu'une aspiration et une espérance, c'est ainsi que le pressentaient les poëtes ; dans l'Odyssée, Hèphæstos donne à Alkinoös un chien d'or qui paraît vivant; dans l'Iliade, Hèphæstos s'avance vers Thétis, soutenu par deux vierges d'or qui semblent animées. Il y a au musée des Antiques un petit bas-relief où l'on voit Prométhée modelant des figures d'hommes et de femmes, et, à mesure qu'il les achève, Athènè leur présente un papillon, allégorie de l'âme. Toute la théorie de l'art grec est là.

Dans l'art comme dans la morale, la Grèce ne fit qu'appliquer les principes de sa théologie. L'harmonie du monde lui semblait produite par une pondération de forces intelligentes et libres, par un accord de lois indépendantes. Elle réalisa cet idéal dans la cité, où l'ordre résulte du concours des volontés unies, où le droit public est la somme des droits particuliers; elle le réalisa dans l'art, où la beauté résulte de la proportion des formes et de la liberté des attitudes. Dans le monde des esprits, la loi morale n'est pas une inévitable nécessité imposée fatalement par une force supérieure, c'est une règle intérieure selon laquelle chacun dirige la libre action de ses facultés. Dans le monde des corps, le type n'est pas une enveloppe de chrysalide qui emprisonne les êtres vivants comme un tombeau, c'est un harmonieux balancement de lignes qui règle, sans l'entraver, le jeu libre et spontané des organes. Comme les Dieux ne sont pas des abstractions personnifiées, mais des lois conscientes d'elles-mêmes et douées, comme l'homme, d'énergies multiples, l'art, qui leur donne un corps, traduit cet attribut divin de la vie et de la pensée par le mouvement des membres et par l'expression des traits. C'est bien moins le costume et les ornements accessoires qui distinguent les types divins les uns des autres que le caractère particulier des formes, des poses, des traits et des allures. Quand Phidias veut faire un Zeus, il ne croit pas qu'il suffise de lui mettre la foudre entre les mains, il songe à un passage d'Homère : « Il dit, et de ses sourcils noirs le fils de Kronos fit un signe ; et les cheveux ambrosiens s'agitèrent sur la tête du prince immortel, et il ébranla le vaste Olympe. » Le Zeus olympien n'existe plus, et on ignore si le masque qui est au Vatican est imité du chef-d'œuvre de Phidias ; mais, en voyant ce large regard, cette force calme, cette profonde sérénité, on reconnaît la pensée qui maintient l'équilibre des lois du monde, et on avoue que la Grèce seule a su créer des Dieux.

La sculpture continua et acheva l'œuvre d'initiation religieuse commencée par la poésie. Tous ces types merveilleux, inspirés au génie de l'artiste par le génie du poëte, firent plus pour raffermir la religion ébranlée des peuples que tous les raisonnements des philosophes ; et quand ceux-ci voulaient combattre l'impiété naissante, c'est encore par le spectacle de la beauté du monde qu'ils démontraient le plus clairement l'existence des Dieux. L'esprit religieux de la Grèce primitive n'avait pas eu besoin d'autres preuves. L'homme alors, ébloui et charmé devant les aspects multiples de la vie et de la lumière, devinait les principes des choses sous leurs apparences mobiles. Ne pouvant les définir, il les appelait les Lois, à cause de l'ordre qui brille dans l'univers. La beauté est dans le monde physique ce que sont la vérité dans le monde intellectuel, la justice dans le monde moral, l'expression de ces lois d'ordre et d'harmonie. L'art, la science et la morale sont les trois faces d'un prisme; quelle que soit celle qu'on regarde, elle nous fait apercevoir les deux autres. Mais les sens s'éveillent avant la raison et la conscience; le beau nous apparaît d'abord, et nous découvre les deux autres aspects des lois éternelles, le juste et le vrai. Il eût été inutile en Grèce de poser la question de la moralité de l'art; on n'y séparait pas le beau du juste, et le même mot rendait ces deux aspects de la même idée. La vérité et la justice se révélaient par la beauté, la plus éclatante des perfections divines. La beauté n'a pas de mystère; aussi n'a-t-elle pas de sceptiques ni d'athées; pour convaincre, elle n'a qu'à paraître : on ne discute pas, on tombe à genoux.

Entre les sphinx égyptiens ou les taureaux de Ninive et une statue grecque, il y a toute la distance de l'ouvrier à l'artiste; comme entre la morale des barbares et celle des Grecs, il y a l'abîme qui sépare l'esclave de l'homme libre, l'obéissance à la force du respect volontaire de la loi. Le panthéisme nie l'individu ; il enveloppe toutes les différences dans une gaîne uniforme ; il confond la loi avec la force, le droit avec le fait, l'idéal avec le réel. Ni dans sa morale, ni dans son art, il n'y a place pour la liberté. Au contraire, la liberté est la condition première de l'art et de la morale des Grecs. Le principe de la cité grecque est l'autonomie, convention volontaire qui contient à la fois le droit et le devoir, la loi et la liberté, une règle pour les forces individuelles et une garantie pour l'ordre public ; le principe de l'art grec est l'idéal, c'est-à-dire la révélation de l'éternelle beauté dans la pensée humaine. Cette révélation est proportionnée à la nature et au degré de l'intelligence de chacun ; l'art, qui en est l'expression, ne peut se cristalliser dans des formes immobiles ; la liberté lui est nécessaire ; chaque statue grecque porte l'empreinte du génie particulier de l'artiste qui l'a exécutée. Cette alliance intime de la loi et de la liberté produisit les mêmes fruits dans l'art et la morale, dont le parallélisme est complet de tous points. La loi n'est jamais mieux observée que lorsqu'elle est librement consentie. Nulle part l'homme ne fut plus grand qu'en Grèce, et nulle part le lien social ne fut plus fort ; de même l'art grec, qui fait une si large part à l'inspiration individuelle, est aussi le modèle le plus parfait et le plus irréprochable de la correction des lignes et de la pureté des proportions.

La Grèce n'admit pas dans l'art le fatalisme du type, ni dans la morale le fatalisme de la loi; mais elle ne se courba pas davantage devant le despotisme des faits particuliers. La morale est aussi incompatible avec l'idée du hasard qu'avec celle de la nécessité, et ce n'est pas pour s'humilier sous le joug des accidents que l'art s'est affranchi des bandelettes sacrées. La morale grecque se développa entre la la loi sans liberté et la liberté sans loi ; l'art grec poursuivit son évolution entre l'autorité inflexible des types préconçus et l'imitation servile des réalités changeantes. Mais la mort est la conclusion nécessaire de la vie : au lieu de cette immuable éternité qui séduisait Platon dans l'art égyptien, la sculpture grecque eut son déclin, comme elle avait eu son ascension glorieuse. Au siècle d'Alexandre, en même temps que la philosophie sapait la religion nationale et que l'esprit républicain déclinait, l'élément divin commença à s'affaiblir dans l'art. La légende de Dédale, l'artiste mythologique auquel la Grèce attribuait ses plus anciennes statues, ressemble à une mélancolique prophétie des destinées de l'art grec. Il est d'abord enfermé avec son fils dans l'inextricable labyrinthe que lui-même avait bâti; pour l'en faire sortir, il lui donne des ailes, et le fils de sa pensée, à peine délivré de sa prison, s'envole vers l'éther sans bornes, jusqu'aux dernières limites du regard et du génie de l'homme, et, à mesure qu'il approche de ces hauteurs brûlantes et lumineuses, il sent fondre ses ailes, et il retombe alors dans le monde inférieur, dans la région des choses passagères, dans la mer orageuse et mobile des vulgaires réalités.

La Grèce poursuivit un idéal de beauté dans l'art, un idéal de justice dans la morale. Mais le marbre et l'airain sont plus souples que le cœur de l'homme, et la résistance inerte de la matière n'est rien auprès de la résistance active des passions ennemies. Entourée d'adversaires, une société naissante ne peut confier la garde de ses droits qu'à la force des armes, et la guerre entraîne toujours une suspension partielle des lois sociales. On ne peut donc s'étonner que la Grèce n'ait fait qu'entrevoir son idéal de société fondée sur le droit et la justice, sans pouvoir parvenir à l'atteindre; c'est une gloire assez grande pour elle de l'avoir poursuivi sans relâche par tant de voies différentes et à travers tant d'obstacles, sans jamais y renoncer jusqu'à l'entier épuisement de ses forces. Plus heureuse dans l'art, elle réalisa son rêve; elle ne retomba, comme Icare, qu'après avoir touché les cieux. Devant les statues grecques comme devant les poëmes d'Homère, on reconnaît qu'elle est parvenue aux dernières limites où puissent aspirer les plus ambitieuses espérances de l'homme, et que c'est assez pour l'avenir de pouvoir admirer et comprendre ces inimitables révélations de l'immortelle beauté. Le siècle de Périclès fut dans la vie de la Grèce ce que la période grecque tout entière sera dans l'histoire du monde, cette heure fugitive et insaisissable de fraîcheur printanière et d'efflorescente puberté qui laisse, en nous quittant, de si longs regrets. Entre l'art hiératique des premiers âges et l'art trop réel et trop humain des siècles suivants, la statuaire du Parthénon est comme un hymen sacré de la terre et du ciel.

CHAPITRE IV

DE LA FAMILLE CHEZ LES GRECS. MORALITÉ DES POEMES D'HOMÈRE.

Passage de la polygamie orientale au mariage grec indiqué par le rôle d'Hèrè dans les poetes. — La femme, épouse et mère de famille, dans la poésie homérique : Andromaque, Arètè, Nausicaa, Pénélope. — Sentiments de famille dans Homère : Anticlée, Priam, Laerte. — Enseignement moral de la poésie par les exemples et les contrastes : Hélène, Clytemnestre, Antigone.

Si la loi de l'histoire n'est pas dans une monotone série d'évolutions circulaires qui condamnerait l'humanité au supplice de Sisyphe, elle n'est pas davantage dans cette théorie fataliste du progrès qui permet à chaque siècle de faire sa propre apothéose aux dépens de ses devanciers. Quant à la spirale conique infinie, ce n'est qu'une abstraction géométrique qui ne répond à rien dans la nature, et, comme l'homme ne vit pas dans une sphère abstraite en dehors du monde, c'est dans la nature qu'il faut chercher des analogies à la loi du mouvement des sociétés humaines. Or il y a une loi commune à la vie minérale et à la vie organique : tout être collectif est homologue à ses parties constituantes. Un cristal est formé par l'agrégation symétrique de cristaux de même forme, et, si on le réduit en poudre, on retrouve par le clivage la forme du cristal primitif dans chaque parcelle de cette poudre. Les êtres organisés sont aussi des agglomérations d'êtres similaires. De même, les phases de la vie humaine individuelle, enfance, jeunesse, maturité, vieillesse, se reproduisent dans la vie collective de chaque société, et les sociétés humaines à leur tour forment les éléments de la vie collective de l'humanité. Il n'y a là ni progrès ni décadence, mais un développement logique et normal qui, dans la vie des peuples comme dans celle des individus, fait la part des lois fatales et celle de la liberté. L'homme ne peut changer son âge, mais il peut à tout âge diriger sa destinée, et, par l'action énergique d'une volonté soutenue, corriger le présent et assurer l'avenir.

L'humanité traverse dans son évolution intégrale les mêmes phases ascendantes et descendantes que nous pouvons suivre dans les civilisations déjà écoulées. Cette analogie du tout avec la partie permet de déterminer à quel âge de la vie correspond chaque période de l'histoire. Lorsque les prêtres d'Égypte disaient aux Grecs : Vous n'êtes que des enfants, les Grecs, au lieu d'accepter avec plus de modestie que de jugement cette vaniteuse parole, auraient dû la renvoyer à l'Égypte et à l'Orient dont la civilisation représente l'enfance de l'humanité. Pour l'enfant, le monde est concentré dans la famille, où il trouve la protection que sa faiblesse réclame. L'autorité absolue du patriarche est incontestée parce qu'elle est nécessaire ; les femmes et les enfants lui obéissent, parce qu'il les protége ; il n'y a là ni droit ni devoir, mais un lien naturel d'affection et de reconnaissance qui n'est jamais discuté. Quand les familles se groupent en tribus et en grands États, l'autorité du patriarche sert de modèle à celle du roi ou du prêtre, et l'Orient, qui, même dans les périodes les plus avancées de sa civilisation, conserve les caractères de l'enfance, ne conçoit d'autre principe social que l'autorité. La morale de ces peuples toujours mineurs est la soumission docile à une loi imposée, leur art est l'imitation irréfléchie des types consacrés, le fond commun de leurs dogmes est le culte de la force, la religion naturelle de la faiblesse et de l'enfance.

La société grecque représente la puberté de l'homme ; il est sorti de l'enfance, il a essayé ses forces et il affirme son droit. Comme Athènè, la Grèce semble née avec ses armes. Sans doute elle eut aussi son enfance, mais, de même qu'en zoologie nous voyons les espèces supérieures parcourir rapidement, pendant leur vie embryonnaire, des phases successives qui correspondent à l'état permanent des espèces inférieures, ainsi les peuples qui portent en eux le germe d'un grand développement moral et intellectuel traversent, avant leur période historique, les degrés de civilisation auxquels s'arrêtent les races moins puissantes. Si la Grèce a passé par la vie patriarcale, ce n'est ni dans son histoire ni même dans ses plus anciennes légendes qu'on en trouve la trace, c'est seulement dans sa mythologie, parce que la religion est la première expression de la pensée des peuples. Il reste un vague souvenir de cette période primitive dans les nombreux hymens de Zeus et dans le titre de père des hommes et des Dieux que lui donnent les poëtes.

Tant que les mœurs agricoles entretinrent en Grèce le sentiment de la vie divine de la nature, le sens physique des symboles religieux fut clair pour tout le monde, parce qu'ils n'étaient que l'expression vive de la pensée populaire. Alors on ne s'offensait pas plus des mille hymens de Zeus ou du rôle d'Aphrodite, qu'on ne songe aujourd'hui à trouver que l'oxygène est débauché parce qu'il s'unit à tous les corps, ou que l'attraction universelle n'est pas assez chaste et assez réservée, car la mythologie primitive des Grecs ne diffère de nos conceptions physiques que par une forme plus poétique et moins savante. Les querelles de ménage de Zeus et d'Hèrè représentent les agitations de l'atmosphère, et le mythe de la chaîne d'or de Zeus dans l'Iliade est trop clair pour avoir échappé à l'herméneutique ancienne; Cornutus, Denys d'Halicarnasse, Héraclite et les scholiastes d'Homère en donnent tous une même explication. Mais la forme caractéristique que ces symboles revêtent chez les poëtes conduit à une conclusion bien plus importante pour l'histoire de la morale des Grecs. Les luttes d'Hèrè contre Zeus, la haine qu'elle témoigne contre ses rivales et contre leurs enfants, marque bien le passage de la polygamie des patriarches à la sainteté du mariage grec, et la transition des mœurs orientales à une forme sociale supérieure, par l'épuration de la famille, qui est la base de toutes les sociétés.

Si on passe de la mythologie aux légendes héroïques, le rôle d'Hèrè n'est pas moins remarquable. La grande Déesse argienne, la protectrice des unions chastes, poursuit pendant toute l'Iliade le peuple dont les mœurs semblent un outrage à sa divinité. Priam a conservé des mœurs asiatiques; de ses cinquante fils, dix-neuf sont nés de la même mère, les autres lui ont été donnés par ses femmes dans sa maison. C'est peut-être la seule différence qu'on remarque dans Homère entre les Troyens et les Grecs. Il est vrai que le poëte, entraîné sans doute par le besoin de créer un grand type moral, nous montre dans Hector et Andromaque l'inimitable modèle de l'amour dans le mariage; mais, à côté d'Hector, il y a un autre fils de Priam, qui a outragé à la fois le droit conjugal et l'hospitalité. Dès lors la chaste épouse et la vierge austère, Hèrè et Athènè, « ont pris en haine la sainte Ilios, et Priam et le peuple, à cause du vertige d'Alexandre. » Faisons en passant une remarque sur les deux vers qui suivent dans l'Iliade : « Parce qu'il avait outragé les Déesses lorsqu'elles se présentèrent devant lui, et avait préféré celle qui lui donna une sensualité funeste. » Ce passage est regardé comme apocryphe par Aristarque, à cause du mot sensualité, μαχλοσύνη, qui n'appartient pas à la langue homérique. Authentiques ou non, ces deux vers paraissent avoir fourni à Stasinos, l'auteur des Kypria, la première idée du fameux jugement de Pâris. Cette forme trop précise donnée à la pensée finit par en voiler le caractère moral, et, dans Virgile, la colère de Junon n'a plus d'autre cause qu'une blessure faite à sa vanité : *spretæ injuria formæ*. Mais, dans les poëtes grecs, le jugement de Pâris a la même signification que la légende d'Hèraclès attribuée à Prodicos de Céos ; seulement le héros grec, placé entre la vertu et la volupté, choisit la première et conquiert l'immortalité, tandis que le berger phrygien préfère le plaisir et attire sur lui et les siens la colère des Dieux.

Le rôle d'Hèrè dans les poëtes, sa dignité fière, cette infatigable persévérance qui emploie tantôt la séduction, tantôt la ruse, jamais l'infidélité, qui se tait devant les menaces, mais sans céder, et qui finit toujours par triompher, tout semble indiquer que le passage de la barbarie à la civilisation par l'épuration de la famille fut surtout l'œuvre des femmes. Il est rare qu'on obtienne des droits sans les conquérir, et les conquérir, c'est les mériter. Pour la femme comme pour l'homme, le devoir est l'affirmation et la garantie du droit. Mais le milieu de l'homme est la cité : c'est par les vertus civiques, le courage et la justice, qu'il conquiert et maintient ses droits politiques, la liberté et l'égalité. Le milieu de la femme est la famille; ses droits sont l'éducation première des enfants et l'administration intérieure : elle ne peut les obtenir que par deux vertus correspondantes, la chasteté (1) et la prudence. La chasteté est la base de la famille, la garantie de la pureté des races; la prudence, la sagesse et l'économie sont les éléments du bien-être intérieur. Pendant que l'homme assure la vie de ses enfants par son travail au dehors, ou leurs droits à venir par ses armes à la guerre, par ses conseils à l'assemblée, il faut qu'il soit sûr d'abord que c'est bien pour les siens qu'il travaille, et non pour les

---

(1) Le mot σωφροσύνη n'exprime pas seulement la chasteté, mais aussi la tempérance dans son acception la plus large, une modération générale dans tous les désirs, une domination habituelle de la volonté sur le corps. Malheureusement, quand on veut traduire en français les idées morales des Grecs, le mot manque presque toujours; les Grecs en auraient conclu que la chose nous est peu familière.

fils d'un étranger et d'un ennemi, et ensuite, que le fruit de son activité ne sera pas compromis par l'incurie ou par la négligence, ni par une administration maladroite ou infidèle. L'homme ne peut confier ses enfants et ses biens à sa femme que s'il sait qu'elle est digne de cette confiance. Ainsi, pour la femme comme pour l'homme, le droit s'appuie sur le devoir et se confond avec lui dans la conscience de la dignité morale.

La famille grecque se constitue donc, comme la cité grecque, sur la double base du droit et du devoir ; et, comme l'homme n'a pas à craindre que la femme introduise dans sa famille les fils d'un étranger, la femme, élevée à la dignité de mère de famille, de maîtresse de la maison, γυνὴ δέσποινα, comme dit Homère, ne doit pas voir les fils d'une étrangère s'asseoir à sa table et partager le pain de ses enfants. Laerte respecte Euryclée, de peur d'offenser sa femme. La polygamie n'est plus possible ; elle existe chez les barbares, parce que la femme, comme le dit Aristote, y est considérée comme une esclave. Dans le portrait peu flatté qu'Homère fait de la vie sauvage et pastorale, la polygamie n'est pas oubliée ; on la trouve, en compagnie du mépris des Dieux et de l'anthropophagie, chez ces Cyclopes violents et farouches qui ne cultivent pas la terre. « Ils n'ont, dit le poëte, ni lois ni assemblées délibérantes ; ils habitent sur la crête des hautes montagnes, dans les cavernes profondes ; chacun d'eux gouverne ses enfants et ses femmes, et ils ne s'inquiètent pas les uns des autres. »

En regard de ce tableau, Homère place celui d'une société policée : l'île de Schérie, cette île heureuse où l'hospitalité est pratiquée d'une manière si large, où les chanteurs sont si bien traités, paraît être la république idéale du vieux poëte ; mais l'idéal et la réalité sont bien près de se confondre à cette époque bénie où l'homme semble vivre dans un monde enchanté. On se rappelle la charmante scène qui ouvre le sixième chant de l'Odyssée, Nausicaa lavant le linge de sa famille à la fontaine, les jeux des jeunes filles brusquement interrompus par l'apparition d'Ulysse, et la simplicité touchante avec laquelle la fille d'Alkinoos accueille le pauvre naufragé, lui donne des vêtements et l'engage à demander l'hospitalité à son père, en le priant seulement de la suivre d'un peu loin, de peur de faire jaser. Elle lui recommande surtout de s'adresser d'abord à sa mère : « Tu la trouveras, lui dit-elle, assise au foyer dans la lumière du feu, adossée à une colonne, tirant de sa quenouille des fils de pourpre, merveilleux à voir. Là est le siége de mon père, placé devant le foyer ; il s'y asseoit pour boire le vin, pareil à un immortel. Tu passeras près de lui et tu étendras tes mains vers les genoux de ma mère, afin que tu voies dans ta joie le jour du retour, quand même tu habiterais bien loin d'ici. » Athènè donne le même conseil à Ulysse, lorsqu'elle se montre à lui sous la figure d'une jeune fille phéacienne, pour lui indiquer la demeure d'Alkinoos. « Alkinoos, lui dit-elle, a pris Arètè pour épouse et l'a honorée comme aucune autre n'est honorée sur la terre parmi les femmes qui possèdent une maison sous un mari. C'est ainsi qu'elle a été et qu'elle est encore honorée du fond du cœur par ses chers enfants et par Alkinoos lui-même, et par les peuples qui la contemplent comme une Déesse et la saluent par des paroles lorsqu'elle s'avance à travers la ville ; car il ne manque rien à la sagesse de son esprit, et par sa bienveillance elle termine les différends des hommes. Si elle t'est favorable dans son cœur, tu as l'espérance de revoir tes amis et de retourner dans ta maison au toit élevé et dans ta terre paternelle. »

Telle est la mère de famille dans la société grecque ; elle règne par la seule puissance de sa vertu ; type admirable de grâce, de force et de pureté, qu'Homère a reproduit sous tant de formes dans ses deux poëmes. Au milieu des sombres batailles de l'Iliade, brille comme une étoile la scène de l'entretien d'Hector et d'Andromaque, et le petit enfant qui s'effraye du casque à l'aigrette étincelante, et le sourire à travers les larmes, et la prière du héros pour son fils, et la divine mélancolie des adieux. S'il était possible de préférer quelque chose parmi toutes les splendeurs de cette poésie, il semble qu'on choisirait ces suaves et saintes figures de Nausicaa, d'Arètè, d'Andromaque et de Pénélope. Une admiration unanime de trois mille ans a rendu justice aux beautés poétiques d'Homère; mais ce qu'on n'admirera jamais assez, c'est sa profonde moralité. L'un de ses poëmes nous montre une guerre de dix ans soutenue par les peuples conjurés de la Grèce pour venger les droits violés de l'hospitalité et la sainteté du mariage; l'autre, l'invariable fidélité de deux époux pendant vingt ans d'absence, une femme consacrant à un souvenir les belles années de sa jeunesse, pendant que son mari la cherche à travers tant de naufrages, malgré l'amour de deux Déesses qui veulent le rendre immortel et malgré la bonté hospitalière d'Alkinoos, qui lui offre la main de la vierge Nausicaa; et lorsqu'il est revenu et qu'il a baisé la terre de sa patrie, et que son vieux chien est mort de la joie de son retour, si sa femme hésite à le reconnaître, il lui parle du lit qu'il a fabriqué lui-même, et elle se jette dans ses bras, car lui seul pouvait décrire leur chambre nuptiale, où aucun autre n'était jamais entré.

En Orient, où la femme est esclave, on voit souvent des empires gouvernés par des femmes ou bouleversés par leurs intrigues, parce qu'un excès entraîne toujours un excès contraire. En Grèce, où les véritables droits de la femme sont reconnus, elle n'exerce aucune influence sur la politique; la famille est son empire, elle n'en sort jamais. On comprend, en effet, que dans les États où la seule loi est l'obéissance, dès que les peuples sont habitués à subir le joug de l'autorité, il importe peu que cette autorité soit représentée par un homme ou par une femme ; mais dans une société libre, obligée de défendre ses droits contre l'agression étrangère ou l'usurpation intérieure, la faiblesse physique de la femme lui interdit les fatigues de la guerre et les agitations de l'agora. « Retourne dans ta maison, dit Hector à Andromaque, et reprends tes travaux, la toile et la quenouille ; la guerre regarde les hommes qui sont nés dans Ilios, et moi surtout. » Télémaque tient à Pénélope un langage semblable, et il ne croit pas s'écarter en cela du respect qu'il doit à sa mère ; il sait « qu'il n'y a pas une femme qui l'égale dans la terre d'Achaïe, ni dans la sainte Pylos, ni dans Argos et Mycènes, ni dans Ithaque et le continent noir. » Il lui apprend seulement qu'il a cessé d'être un enfant, et qu'elle peut désormais se fier à sa force et compter sur sa protection.

Cette distinction de rôles entre les deux sexes est l'expression de la nature même, la seule condition possible d'une société entre des êtres, non pas inégaux, comme l'ont cru Platon et la plupart des philosophes, mais différents. Une seule fonction leur est commune : le sacerdoce. Les Égyptiens, qui reconnaissaient des Déesses, n'avaient cependant pas de prêtresses. L'hellénisme donna une satisfaction bien plus complète au principe de l'équivalence des sexes, en admettant à la fois des Déesses dans l'Olympe et des prêtresses dans les temples. Tous les Dieux respectent la Terre, leur mère commune, et la prennent à témoin de leurs serments. Zeus, irrité contre le Sommeil, n'ose pas le punir, de peur d'offenser la Nuit. Quoique la hiérarchie des Dieux soit fort indécise, parmi les enfants de Zeus c'est sa fille Athènè qui semble tenir le premier rang. Le dogme proclame la dignité de l'élément féminin, le culte la consacre en appelant les femmes au sacerdoce, la plus haute fonction dans l'ordre moral. Quand la philosophie eut fait de la matière, de l'élément féminin et passif, le principe du mal dans la nature, la femme, déchue du rang auquel l'avaient portée la religion populaire et la morale primitive, devint un être inférieur et le principe du mal dans la société. De là les étranges théories de Platon sur l'amour.

L'affranchissement de la femme élevée à la dignité d'épouse, de maîtresse de la maison, en substituant à l'autorité absolue du patriarche l'association de deux êtres libres, ne pouvait pas altérer les liens d'affection et de reconnaissance qui unissent les enfants à leurs parents. Il n'y a peut-être pas, dit Gillies, d'autre langue qui puisse exprimer sans circonlocution ce que les Grecs entendent par θρέπτρα, cette dette que l'enfant contracte envers ses parents dès sa naissance, et qu'il doit leur payer plus tard en les nourrissant et les soignant à son tour. C'est l'expression qu'Homère emploie lorsqu'il parle d'un héros tué à la fleur de l'âge : « Il ne put payer sa dette à ses parents. » Achille, Antiloque, Hector, Télémaque, Ulysse, sont des modèles de piété filiale. Les fils de Priam respectent les réprimandes, même injustes de leur père. Au moment de partir pour Troie, Ulysse recommande son père et sa mère à Pénélope : « Prends soin d'eux dans ta demeure comme aujourd'hui, et plus encore pendant mon absence. » Lorsque, par le conseil de Circé, il est allé au pays des Kimmériens consulter l'âme du prophète Tirésias, il aperçoit parmi les autres âmes celle de sa mère; qu'il avait laissée vivante à son départ d'Ithaque. Il pleure en la reconnaissant, et lui demande comment elle a été domptée par la Kère de la mort, si elle a succombé à une maladie ou à une mort subite, sous les douces flèches d'Artémis; il l'interroge aussi sur son père, sur sa femme et sur son fils. Anticlée lui apprend que Télémaque cultive ses champs, que Pénélope passe ses nuits et ses jours dans les regrets. « Quant à ton père, ajoute-t-elle, il reste dans les champs et ne va pas à la ville; il ne couche pas sur un lit couvert de tapis et d'étoffes brillantes, mais l'hiver il dort avec les serviteurs de la maison dans la cendre du foyer, et il se couvre de mauvais habits; et quand vient l'été et la florissante saison d'automne, dans le haut du jardin planté de vignes, il se fait un lit à terre avec les feuilles tombées. C'est là qu'il se couche tristement, et il nourrit un grand deuil, gémissant sur ton sort, et la dure vieillesse s'étend sur lui. C'est ainsi que moi aussi je suis morte, et que j'ai accompli ma destinée. Ce n'est pas l'adroite chasseresse Artémis qui est venue dans la maison me frapper de ses douces flèches ; ce n'est pas une maladie qui a ôté l'âme de mes membres par un épuisement funeste, mais c'est ton regret et ton souvenir, illustre Ulysse, c'est ta bonté qui m'a privée de la vie. »

Il n'y a rien de plus touchant dans Homère que ce deuil silencieux du vieux Laerte et les regrets de cette mère qui meurt du souvenir de la bonté de son fils, si ce n'est peut-être la scène où Priam invoque le souvenir de Pélée pour se faire rendre le corps d'Hector : « Souviens-toi de ton père, Achille semblable aux Dieux ; il est du même âge que moi, sur le triste seuil de la vieillesse ; et il a peut-être autour de lui des voisins qui l'attaquent, et personne n'est là pour le défendre contre la violence et la ruine. Cependant, lui du moins, apprenant que tu es vivant, il se réjouit dans son cœur, et il espère tous les jours qu'il verra son cher fils revenir de Troie. Mais moi, infortuné, j'avais engendré des fils très-braves dans la large Troie, et je puis dire qu'il ne m'en reste pas un. J'en avais cinquante quand vinrent les fils des Achéens ; dix-huit étaient sortis du même ventre ; des femmes m'avaient enfanté les autres dans ma maison. De la plupart l'impétueux Arès a fait ployer les genoux ; et celui qui me restait seul et qui protégeait la ville et nous-mêmes, tu l'as tué hier combattant pour sa patrie, Hector. C'est pour lui que je viens vers les vaisseaux des Achéens, et pour le racheter je t'apporte une immense rançon. Mais respecte les Dieux, Achille, et prends pitié de moi, te souvenant de ton père. Moi, je suis plus misérable encore : j'ai osé faire ce que n'a fait aucun autre mortel sur la terre, porter à ma bouche la main de l'homme qui a tué mon fils. — Il parla ainsi et lui inspira le désir de pleurer son père ; et Achille, lui prenant la main, repoussa doucement le vieillard. Et tous deux se souvenaient : l'un, songeant à Hector tueur d'hommes, pleurait des larmes abondantes, se roulant devant les pieds d'Achille, et Achille pleurait sur son père et de temps en temps aussi sur Patrocle, et leurs gémissements remplissaient la salle. »

Rappelons aussi la reconnaissance d'Ulysse et du vieux Laerte au dernier chant de l'Odyssée : Ulysse veut préparer son père à la joie qu'il lui apporte ; il invente une histoire, selon sa coutume ; il dit qu'il a été l'hôte d'Ulysse, qu'ils se sont quittés il y a cinq ans, croyant bien se revoir. Mais le vieillard espérait une meilleure nouvelle ; il sent qu'il est trop vieux pour attendre : « Le nuage noir de la douleur le couvrit, et, prenant de ses deux mains de la poussière desséchée, il la répandit sur sa tête blanche en gémissant profondément. Et le cœur d'Ulysse était secoué, et un soupir profond gonflait ses narines, tandis qu'il regardait son père chéri ; et, s'élançant et le prenant dans ses bras, il l'embrassa et lui dit : C'est moi-même qui suis Ulysse, mon père, celui que tu attends et qui rentre après vingt ans dans ma patrie. » Le vieillard hésite ; Ulysse lui montre la cicatrice qui l'avait déjà fait reconnaître de sa vieille nourrice ; il désigne dans le jardin les arbres fruitiers que Laerte lui avait donnés lorsqu'il était enfant : « Alors le vieillard sentit se dissoudre ses genoux et son cœur, et il jeta ses bras autour de son fils, et le divin Ulysse aux nombreuses fatigues le reçut, exhalant son âme. » Cependant Ulysse apprend que les habitants d'Ithaque veulent venger la mort des prétendants ; il se prépare à la résistance et encourage Télémaque, qui promet de ne pas déshonorer sa race. « Alors Laerte se réjouit et s'écria : Quel jour pour moi, chers Dieux! Certes, je me réjouis ; mon fils et mon petit-fils luttent de vertu. »

On a pu s'étonner de la contradiction qui semble exister entre ces sentiments de famille si souvent et si admirablement exprimés par Homère, et la dureté de certains symboles placés au début de la Théogonie, la lutte de Kronos contre Ouranos, de Zeus contre Kronos. Si on suppose qu'il y a eu en Grèce une succession de cultes correspondant à une superposition de races, il est naturel, en pareil cas, que les nouveaux Dieux relèguent les anciens dans le pays de la mort. Mais il est inutile de recourir à une hypothèse dénuée jusqu'ici de preuves solides, pour expliquer des symboles qui s'expliquent très-bien par eux-mêmes. Le culte de Kronos était fort peu répandu en Grèce, et on peut même croire que pour la plupart des Grecs l'épithète de χρονίδης ou de χρονίων, donnée à Zeus, signifiait l'éternel ou l'ancien. Les poëtes, selon leur habitude, tirant une légende de chaque métaphore, représentaient le temps, qui détruit tout ce qu'il a fait naître, par un vieillard qui devore ses enfants. La renaissance de la nature, la lutte du printemps contre l'hiver, le triomphe de la vie universelle sur le temps, se traduisaient par la victoire de Zeus sur Kronos. Quant à la mutilation d'Ouranos rapportée dans la Théogonie, elle n'exprime rien de plus que l'action du temps enlevant à l'espace sa force productrice; c'était d'ailleurs une fable ou locale ou récente; car, dans les poëmes d'Homère, bien que les Dieux soient appelés les Ouranides, les célestes, le ciel n'est jamais personnifié; c'est l'Océan qui est considéré comme le principe des choses.

Ce symbolisme, très-simple et très-clair à l'origine, pouvait sembler choquant dans son expression,

à mesure que les principes naturels étaient assimilés
à des personnages humains. Dans une société théocratique on se serait contenté d'interdire au peuple
la lecture des livres sacrés, et de donner aux initiés
la clef des symboles. Mais en Grèce il n'y avait pas
de théocratie, et à cette époque primitive il n'y avait
pas encore d'initiation. Il n'y avait ni savants ni
ignorants, et, quand cette distinction exista, les gens
des campagnes saisissaient plus facilement le sens
des vieux symboles empruntés à la vie de la nature
que ne pouvaient le faire des lettrés enfermés dans
leurs écoles. La plupart des philosophes, sauf les
Stoïciens, méconnurent le sens des mythes et abandonnèrent la religion nationale, tandis que le peuple
lui restait fidèle, parce qu'il n'avait pas cessé de la
comprendre. Il en reste une preuve dans le nom même
de païens ou paysans, qui fut donné aux derniers
adorateurs des Dieux de la Grèce. A l'époque de la
création des mythes, on ne peut pas supposer que
le peuple eût besoin d'efforts et d'explications pour
pénétrer une pensée qui était la sienne, et dont la
forme était son œuvre. La religion et la poésie étaient
le patrimoine de tous ; Hésiode était un berger, Homère un chanteur ambulant. Il n'y avait pas de livres
sacrés ; les poëtes qui recueillaient les traditions
populaires et se les transmettaient sans le écrire
pouvaient toujours les changer, car aucun de ces
mythes n'avait l'autorité d'un dogme. Dès qu'on

songea, par exemple, à s'intéresser au sort de Kronos, au lieu de le reléguer dans le Tartare, on l'envoya régner sur les âmes des héros dans les îles des heureux, retraite fort convenable pour un vieillard. Telle est la forme que prend la tradition dans Hésiode. Ainsi les mœurs réagissaient sur l'expression des croyances, dès que cette expression paraissait en opposition avec les idées morales.

Ce n'est pas par des préceptes et des sentences qu'Homère enseigne les vertus de la famille et les autres lois morales ; il fait mieux, il nous les montre. C'est par là qu'il mérite le bel éloge qu'en fait Horace dans l'épître à Lollius, et qu'il nous apprend, mieux que Chrysippe ou Crantor, ce qui est beau et ce qui est honteux, ce qui est utile et ce qui est nuisible. L'enfance des peuples, comme celle des individus, comprend mieux les idées sous une forme concrète. Voilà pourquoi la morale des poëtes s'énonce par des exemples et par des contrastes. A Pénélope Homère oppose plusieurs fois les filles de Tyndare, Hélène et Clytemnestre. Hélène n'est peut-être qu'un personnage mythologique ; mais Homère l'a tellement transformée que, pour en retrouver le caractère primitif à travers les enchantements de la poésie, il faudrait presque emprunter l'anneau de Mélisse, qui détruisait les sortiléges d'Alcine. Bien des raisons font croire qu'Hélène n'est autre que la Lune; son nom d'abord, Ἑλένη, Σελήνη, puis sa parenté avec les Dioscures, les deux crépuscules, l'étoile du matin et l'étoile du soir, enfants comme elle de Léda, qui n'est qu'une des formes de la nuit. L'enchanteresse qui connaît les philtres et verse le népenthès, l'épouse infidèle qui traverse les mers pour suivre le berger de l'Ida, n'est peut-être, au fond, que la Déesse des incantations et des charmes magiques, la voyageuse du ciel, l'éternelle fugitive, la fiancée du soleil couchant qui se laisse enlever par le soleil levant. Du haut de la tour, assise auprès du vieux Priam, elle énumère les héros achéens et regarde la lutte de ses deux époux, laissant flotter de l'un à l'autre sa pensée indécise, comme la lune au zénith, auprès du vieil ancêtre, du grand ciel étoilé, passe en revue l'armée des astres, et promène du couchant au levant sa lumière indifférente. Mais de cette simple donnée l'épopée a tiré une de ses créations les plus humaines et les plus vivantes; l'Hélène d'Homère n'est ni une criminelle endurcie dans le mal, ni une pénitente que l'expiation relève et purifie : dans Homère comme dans la nature, bien peu sont parfaitement bons, et nul n'est absolument mauvais. Hélène ne parle jamais de sa faute sans humiliation et sans remords; elle regrette son ancien époux; elle voudrait résister à Aphrodite; elle accable Alexandre de reproches et d'injures, et cependant elle finit par céder. Elle est profondément femme, elle a toutes les faiblesses de son sexe, comme elle en a toutes les séductions ; elle se repent, mais elle ne se corrige pas.

La légende d'Hélène, cette longue et terrible guerre, conséquence funeste de l'adultère d'une femme, était un sujet à la fois très-moral et parfaitement propre au développement de l'épopée. La légende de Clytemnestre a plutôt un caractère tragique, et les poëtes dramatiques d'Athènes ne pouvaient manquer de s'en emparer; mais le sujet avait déjà été traité auparavant par la poésie épique. Les aventures de la famille d'Atrée, qui ne sont qu'indiquées dans l'Odyssée, furent développées par d'autres poëtes. L'un des cycliques, Hagias ou Augias de Trœzène, auteur du poëme des *Retours*, raconta la mort funeste d'Agamemnon. Toute la lugubre légende des Tantalides porte l'empreinte d'une haute moralité : partout la punition y suit le crime. La mort d'OEnomaos et celle de Myrtile entraînent le meurtre de Chrysippe, assassiné par ses frères, dont les divisions suivent de près les imprécations de Pélops. L'adultère de Thyeste est vengé par le festin sanglant qui fait reculer le soleil. Ægisthe, à son tour, venge ses frères sur le fils d'Atrée, en prenant pour complice la femme d'Agamemnon; celle-ci, de son côté, vengeait la mort d'Iphigénie, d'après une tradition imaginée par les poëtes postérieurs à Homère, et que les tragiques ont adoptée pour éviter de présenter sur la scène un caractère tout à fait odieux. Ainsi toujours le crime engendre le crime, et, comme dans la vendetta corse, chacun est bourreau et victime tour à tour.

Mais comment cette antique loi du talion pouvait-elle être appliquée au meurtre inouï d'un mari par sa femme? Il y avait là une question difficile à résoudre pour la casuistique primitive. La femme adultère qui tue son mari ne serait pas assez punie si elle mourait de la main du premier venu. Elle a attaqué la base de la famille, il faut qu'elle soit frappée dans ses sentiments de mère : elle mourra de la main de son fils. Mais lui, peut-il accomplir cette terrible justice et rester innocent? Les chiennes furieuses le poursuivent ; il se réfugie près du Dieu qui a fait de lui l'instrument des vengeances divines. Apollon assoupit les noires Déesses. Mais l'ombre de Clytemnestre les réveille : « Allons, debout! il est bien temps de dormir! Seule entre tous les morts, je ne serai pas vengée? On m'accuse de meurtre, et l'outrage et la honte ne m'épargnent pas parmi les âmes..... Oreste fuit, l'assassin de sa mère. Tu dors encore? ne vas-tu pas t'éveiller? qu'as-tu à faire, si ce n'est à punir? » Il fallait pourtant un dernier anneau à cette chaîne de meurtres ; les Dieux interviennent : un fils doit venger son père, dit Apollon. — Même sur sa mère? Athênê n'ose pas répondre ; elle institue un tribunal auguste. et à égalité de suffrages l'accusé est absous.

Une autre terrible légende, celle des Labdacides, enseignait le respect des liens sacrés de la famille, en montrant par l'exemple d'OEdipe quels épouvantables malheurs suivent le parricide et l'inceste, même s'ils sont involontaires. Il y avait tout un cycle de poëmes sur les aventures d'OEdipe, sur les querelles d'Étéocle et de Polynice, et sur la guerre des Épigones. On a les titres d'une OEdipodie de Kinaithon de Chios, d'une Thébaïde d'Arctinos de Milet et d'un poëme sur les Épigones attribué à Homère. C'est de là qu'Æschyle dut tirer sa tragédie des *Sept devant Thèbes*, et Sophocle ses trois principaux chefs-d'œuvre, *OEdipe roi*, *OEdipe à Colone* et *Antigone*. Dans ces dernières tragédies, Sophocle présenta le type le plus pur et le plus complet de la piété filiale et de l'amour fraternel. Après avoir servi de guide à son père aveugle et exilé, Antigone rentre dans Thèbes pour essayer d'arrêter la lutte impie de ses deux frères. Lorsqu'ils sont morts l'un par l'autre, elle ose seule rendre les honneurs funèbres à celui qu'un décret a privé de la sépulture. Elle connaissait cette défense, mais elle n'a pas cru « que les décrets d'un homme pussent prévaloir sur les lois non écrites, œuvre immuable des Dieux. » Elle sait que Polynice est l'ennemi de la patrie, mais elle est née « pour partager l'amour et non la haine. » Sans emphase devant la mort, elle reste femme par ses plaintes et ses larmes ; elle regrette la vie et la jeunesse, et l'amour d'Hæmon; elle parle avec terreur de ce tombeau qui sera son lit nuptial, mais elle ne se repent pas plus de son sacrifice qu'elle n'a hésité à l'accomplir. C'est ce même regret de la vie, en présence d'une mort volontaire, qui rend si touchante la scène des adieux d'Alceste dans Euripide.

On s'étonne que Platon, qui entendait sur le théâtre d'Athènes tant de terribles imprécations contre le crime, tant de religieuses paroles sur les lois et la justice, qui voyait présenter sous une forme si saisissante tant d'admirables exemples de toutes les vertus, ait pu méconnaître l'enseignement moral de la poésie. Et lorsqu'on le voit substituer à cet idéal de la famille grecque le rêve monstrueux de la communauté des femmes (1), on se demande si les poëtes ne pourraient pas, à leur tour, chasser les philosophes de leur république. Mais, en payant à la poésie athénienne un juste tribut d'admiration, il ne faut pas oublier que les traditions qui lui fournissaient l'occasion de mettre en scène de si grands caractères et d'exprimer de si nobles pensées étaient l'œuvre collective et anonyme des siècles précédents. Pendant ces siècles sans histoire, l'imagination, cet attribut précieux de la jeunesse des peuples comme la jeunesse de l'homme, avait fait éclore ces innom-

---

(1) Dans la classe militaire; Platon ne sut pas concilier la famille avec une armée permanente. Il est juste d'ajouter que les peuples modernes ne le savent pas davantage.

brables légendes qui alimentèrent la poésie grecque des âges postérieurs, puis la poésie latine, et enfin la poésie de l'Europe moderne, surtout celle de la France. A peine éclos dans la pensée populaire, tous ces récits recevaient leur première forme de ces chanteurs, de ces rhapsodes inconnus, qui les recueillaient et les colportaient de village en village, leur lyre ou leur branche de laurier à la main, sans songer à attacher leur nom à ces mille créations poétiques dont une seule suffisait pour illustrer leurs successeurs.

En songeant à ce que le monde aurait perdu si Pisistrate n'avait pas eu l'idée de recueillir à temps les fragments épars de l'Iliade et de l'Odyssée, on ne peut s'empêcher de gémir sur ceux qui durent être rejetés, faute de pouvoir entrer dans le cadre de ces deux poëmes, et qui contenaient peut-être les mêmes beautés avec des nuances différentes, comme on trouve un caractère analogue dans les monuments de l'architecture d'une même époque. Outre les poëmes du Cycle, qui semblent postérieurs à Homère, et dont nous n'avons plus guère que les titres, il dut en exister d'autres, antérieurs ou contemporains, sur l'expédition des Argonautes et toutes les autres traditions primitives. La plupart ne furent jamais recueillis. La Grèce les oubliait avec l'insouciance d'un génie qui se sent inépuisable. Mais la poésie n'en a pas moins accompli son œuvre. C'est elle qui fit passer les peuples de la barbarie à la vie policée. On la trouve partout, dans la maison de Pénélope et dans celle d'Alkinoos, dans le camp des Grecs, où Achille chantait sur sa lyre les exploits du temps passé. C'est aux aœdes que les héros, en partant pour les expéditions lointaines, confiaient la garde de leurs demeures. Ægisthe ne put séduire Clytemnestre qu'en transportant dans une île déserte le chanteur qu'Agamemnon avait laissé près d'elle. La poésie conduisait le monde vers la vérité et la justice, vers la morale et la science, par le chemin enchanté de l'harmonie et de la beauté. Ceux qui lui refusent aujourd'hui le droit de vivre ne devraient pas oublier qu'elle fut la nourrice de la Grèce et l'aïeule de la civilisation.

CHAPITRE V

MORALE POLITIQUE ET ÉCONOMIE SOCIALE DE LA GRÈCE AUX TEMPS HÉROÏQUES

Caractères des royautés héroïques; Zeus dans l'Olympe et Agamemnon dans le camp; commandement militaire et présidence des assemblées populaires. — Hiérarchie sociale indécise. — Propriété individuelle. — La servitude, conséquence de la piraterie. — Conditions des serviteurs dans les poemes d'Homère : Eumée, Philœtios, Euryclée. — Défauts et qualités de la société héroïque. — Caractère sociable des Grecs; respect des vieillards; amitié : Achille; hospitalité : Alkinoos.

Aristote, au livre Ier de sa République, trouve dans la transition de la famille à la tribu l'origine du pouvoir monarchique, et il ajoute : « On dit que le gouvernement royal est établi parmi les Dieux, parce que les hommes, ou sont gouvernés par des rois, ou l'ont été dans leur origine. Car, de même qu'ils donnent aux Dieux leur forme, ils lui attribuent leur manière de vivre. » Si on admet que l'idée précède l'action, on sera plus porté à regarder les formes politiques comme des conséquences et des applications de l'idéal religieux des peuples; mais bornons-nous à voir dans le gouvernement des nations et dans leurs croyances la double expression de leur génie et de leur caractère. Le panthéisme correspond au système des castes, le monothéisme à la monarchie, le polythéisme à la république. Dans l'Égypte et dans l'Inde, où l'idée divine resta toujours engagée dans la nature, la théocratie domine à la fois la royauté et la nation. Chez les Hébreux, et plus tard chez les Arabes, à mesure que les cultes locaux sont absorbés par le monothéisme juif ou musulman, les tribus se groupent sous l'unité monarchique; cette monarchie est dirigée par le sacerdoce, ou même confondue avec lui, comme on le voit par l'histoire des Juifs après la captivité. En Perse, la monarchie s'affranchit à grand'peine de l'autorité des mages, et prend un caractère féodal conforme à la hiérarchie de la cour d'Ormuzd. La race germanique, si voisine de la race persane sous tous les rapports, renouvela au moyen âge ces luttes de l'Empire contre le sacerdoce. Chez les Grecs, dès les premiers temps, la royauté, sur la terre comme dans l'Olympe, n'est qu'une magistrature populaire, et il y a autant de différence entre cette royauté héroïque et le despotisme oriental, qu'entre la famille grecque et la polygamie des patriarches.

L'autorité de Zeus sur les autres Dieux aurait semblé bien peu de chose à un monarque d'Asie Il n'est guère, comme Agamemnon dans le camp des

Achéens, qu'un chef militaire et le président d'une assemblée délibérante. Il est le premier parmi ses égaux et commande l'armée des Dieux contre les Titans. D'après la Théogonie, les Dieux, fils de Kronos et de Rheia, par les conseils de la Terre, tirent des profondeurs du Tartare les Hécatonchires qui doivent leur servir d'auxiliaires et leur donner la victoire : les lois régulatrices du monde domptent les forces par d'autres forces. Après la victoire, les Dieux, toujours par les conseils de la Terre, choisissent Zeus pour les gouverner, « et il leur partage équitablement les fonctions et les honneurs. » Dans Homère, Zeus ne semble même pas l'auteur de ce partage ; le mot ἔλαχ', employé dans l'Iliade, paraît indiquer que la distribution s'est faite par la voix du sort : Zeus a obtenu le large ciel, dans l'éther et les nuées, Poseidon a la mer blanchissante, Aïdès les brumeuses ténèbres. Quant à la terre et au large Olympe, ils appartiennent en commun à tous les Dieux. Poseidon trouve fort mauvais que Zeus, non content d'imposer sa volonté à ses fils et à ses filles, prétende encore lui donner des ordres, à lui, son frère et son égal. Il finit cependant par céder, moitié par prudence, moitié à cause des Érinnyes qui suivent les plus âgés. Homère dit en effet autre part que Zeus était l'aîné et savait plus de choses. On pourrait voir là quelque souvenir d'un ancien privilége des aînés ;

cependant, dans la Théogonie, Zeus est le plus jeune des Kronides. Les divergences et les contradictions même des poëtes lorsqu'ils parlent du pouvoir monarchique dans le ciel ou sur la terre, prouvent qu'ils étaient contemporains ou voisins d'une transformation politique et sociale.

Zeus se vante souvent d'être plus fort que tous les autres Dieux; selon la physique des Grecs, l'éther occupe la région supérieure du monde, et les rayons qui en descendent sont représentés par l'allégorie d'une chaîne d'or dont Zeus tient le premier anneau, sans que tous les autres Dieux puissent l'ébranler. Mais cette suprématie de Zeus est souvent contestée. Homère parle d'une conspiration d'Hèrè, de Poseidon et d'Athènè pour le charger de chaînes : c'est la coalition des vapeurs célestes, des brouillards et des vapeurs marines contre le ciel bleu. Une variante du texte substitue Apollon à Athènè : c'est l'action du soleil qui vaporise les eaux. L'Hécatonchire, que les Dieux nomment Ægéon et les hommes Briareus, suscité par Thétis, se place devant Zeus et le protége : c'est la tempête qui dissipe les vapeurs et ramène le beau temps. Thétis représente ici l'ordre et la stabilité du monde, caractère réservé en général à Thémis, dont le nom a la même racine et le même sens. Dans l'Odyssée, Zeus promet au Soleil irrité de lui donner satisfaction, et le prie de continuer à éclairer le monde. Dans l'Iliade, malgré ses menaces, il se rend toujours à l'avis de l'opposition; il cède malgré ses désirs et ses préférences avouées. Aucun homme ne lui est plus cher qu'Hector, il voudrait le sauver des mains d'Achille, et il engage les Dieux à délibérer à ce sujet. Mais Athènè se plaint qu'il veuille agir contre la règle, et proteste que les autres Dieux ne l'approuveront pas. Zeus la laisse agir, en avouant que ce n'est pas de bon cœur. De même il déclare qu'aucune ville ne lui est plus agréable qu'Ilios, et il reproche à Hèrè sa dureté pour les Troyens; cependant il finit par lui abandonner sa cité de prédilection.

La royauté héroïque est l'image de l'autorité de Zeus dans l'Olympe. Elle est fondée sur la volonté libre des peuples, comme le pouvoir de Zeus lui a été conféré par le choix des autres Dieux. Aristote distingue soigneusement la monarchie en usage chez les barbares, et que ceux-ci supportent « parce qu'ils ont le caractère servile, » de la royauté héroïque « établie sur le consentement libre, et dont les fonctions étaient déterminées : le roi était un général, un juge, et présidait aux cérémonies religieuses. » Il expose aussi de quelle manière cette royauté s'établissait : « Ceux qui, les premiers, avaient bien mérité de la multitude en enseignant les arts ou en conduisant une guerre, ou en rassemblant les hommes épars, ou en leur fournissant un sol à cultiver, recevaient de la volonté libre du peuple une royauté qui passait à leurs enfants. Ils avaient le pouvoir de commander à la guerre, d'offrir les sacrifices non réservés aux prêtres, et en outre ils jugeaient les différents, soit sans serment, soit en prêtant serment, ce qu'ils faisaient en élevant le sceptre. Ces rois des anciens temps administraient les affaires de la cité tant sur le territoire qu'au dehors. Dans la suite, les rois ayant abandonné quelques-unes de leurs fonctions, le peuple leur ayant enlevé les autres, ils ne gardèrent dans quelques villes que la direction des sacrifices; dans celles où on peut dire qu'il resta une royauté, elle ne consista plus que dans le commandement militaire hors des frontières. » (Polit. III, 14.)

Plusieurs passages d'Homère confirment cette opinion d'Aristote sur l'établissement des royautés héroïques. Ainsi, lorsque Bellérophon eut tué la Chimère et détruit tous les Lyciens envoyés contre lui par le roi, celui-ci en conclut qu'il est de race divine et lui donne sa fille et la moitié des honneurs royaux; les Lyciens séparent une portion de terre parmi les meilleures, un beau champ propre à la culture de la vigne et au labourage, et le lui donnent pour qu'il le cultive. (Iliade, VI, 169.) Achille demande de même à Énée s'il espère, en combattant contre lui, recevoir des Troyens une belle portion de terre fertile en vignes et en blé. Dans les expéditions lointaines, comme celle des Achéens devant Troie, les chefs reçoivent de leurs compagnons, au lieu d'un

champ, une part plus forte du butin. Mais toujours la royauté et les avantages qui y sont attachés sont des dons faits par le peuple aux plus forts et aux plus braves, à ceux qui conduisent les autres au combat et marchent toujours en avant. Ces dons qui sont la récompense du courage, c'est par le courage qu'ils peuvent être conservés. Ainsi Sarpédon dit à Glaucos :
« Glaucos, pourquoi avons-nous reçu dans la Lycie les plus grands honneurs, un siége élevé, des viandes et des coupes pleines ? Tous nous regardent comme des Dieux, et nous cultivons, près des rives du Xanthe, un grand et beau champ, fertile en vignes et en blé. C'est pourquoi il nous faut, au premier rang des Lyciens, rester fermes et soutenir la lutte ardente, afin que chacun des Lyciens bien cuirassés puisse dire : Ce ne sont pas des hommes sans gloire qui gouvernent la Lycie ; nos rois mangent des moutons gras et boivent un vin excellent et mielleux ; mais ils ont la force et le courage, et combattent au premier rang des Lyciens. » (Iliade, XII, 310.)

Ces dons volontaires qui augmentaient la richesse des chefs, et sans doute aussi le souvenir des services qu'ils avaient rendus pendant la guerre, leur donnaient, même pendant la paix, une certaine influence dans les assemblées du peuple. Homère les appelle souvent les conseillers. S'ils avaient de l'éloquence et une réputation de sagesse et de justice, ils étaient pris pour arbitres dans les contestations. Un des prologues de la Théogonie trace ainsi le portrait d'un roi aimé des Muses : « Celui qu'honorent les filles du grand Zeus, celui des rois nourrissons de Zeus qu'elles ont regardé à sa naissance, elles lui versent sur la langue une douce rosée, et de sa bouche sortent des paroles de miel. Et tous les peuples regardent vers lui lorsqu'il discerne les lois par des jugements droits (1). Parlant avec sûreté, il a en peu de temps apaisé une grande querelle (car, s'il y a des rois prudents, c'est afin que dans l'assemblée ils rétablissent doucement et par de bienveillantes paroles les affaires des peuples embarrassés). Et lorsqu'il s'avance à travers la ville, on l'entoure de respect et d'affection, comme un Dieu, et il brille au milieu des peuples réunis. » Ce portrait d'un roi de l'époque héroïque pourrait s'appliquer à Périclès ou à tout autre démagogue : c'est une autorité purement morale, fondée sur la confiance du peuple et sur la persuasion.

Dans la description du bouclier d'Achille, Homère parle d'une assemblée populaire où se juge un procès; cette assemblée est présidée par des vieillards auxquels il ne donne pas le nom de rois.. Mais il l'emploie dans d'autres circonstances analogues. On retrouve en germe dans l'Iliade et dans l'Odyssée

---

(1) Ce mot indique qu'il ne s'agit que de lois naturelles. Josèphe remarque que les mots de lois et de législateur ne se trouvent pas dans Homère; la raison en est simple : les lois écrites, νόμοι, ne pouvaient exister à l'époque héroïque puisqu'il n'y avait pas d'écriture.

toutes les institutions des siècles suivants : une assemblée populaire souveraine, un sénat ou conseil qui prépare les délibérations, et des généraux ou magistrats qui exécutent les décisions du peuple et conduisent les expéditions. Homère les nomme indifféremment rois, juges, conseillers, chefs ou princes ; les uns sont plus rois que les autres, βασιλεύτεροι. Ce mot de βασιλεύς, que nous traduisons par roi, n'implique donc pas l'idée d'une monarchie. Les Bœotiens sont conduits à Troie par cinq rois. Dans l'île de Schérie, les rois des Phéaciens se réunissent chez Alkinoos, qui déclare lui-même qu'il y a douze rois parmi les Phéaciens, et qu'il est le treizième. Cette royauté était une véritable aristocratie, dans le sens étymologique de ce mot, c'est-à-dire le gouvernement des meilleurs : ceux qui pratiquaient le mieux les deux grandes vertus sociales, le courage et la justice, étaient choisis par leurs égaux pour leur servir de guides pendant la guerre, de conseillers et d'arbitres pendant la paix. S'il y en avait un dont le mérite l'emportât sur celui des autres, il obtenait par cela même plus d'autorité ; ainsi Alkinoos est appelé quelquefois le roi de tous les Phéaciens. A une époque où il n'y avait pas de lois écrites, l'arbitrage de l'homme, ou des hommes qu'on regardait comme les plus sages, était le seul moyen d'éviter les querelles privées, et, en consacrant l'emploi de cet arbitrage, les Grecs ne croyaient pas s'écarter des principes d'égalité qui étaient la base de leur morale et le fond de leur caractère.

Quant à l'unité du commandement militaire, elle a été admise même à Athènes, dans la république la plus démocratique qui ait jamais existé; ainsi on sait que les généraux vainqueurs à Marathon ne commandaient pas tous ensemble, mais à tour de rôle. Or c'est seulement de cette unité dans le commandement militaire qu'il est question dans le vers si souvent cité qu'Homère met dans la bouche d'Ulysse au deuxième chant de l'Iliade : lorsque les Grecs quittent l'assemblée en désordre et veulent s'embarquer, Ulysse s'écrie : « Ici (dans le camp) nous ne pouvons pas tous commander ; le commandement de plusieurs n'est pas une bonne chose ; qu'il n'y ait qu'un seul chef, qu'un seul roi. » Il sait cependant qu'il y en a un grand nombre dans l'armée, et lui-même en est un ; mais il parle du commandement militaire, et il veut qu'on reconnaisse Agamemnon pour chef de l'expédition. Il emploie la persuasion et les douces paroles pour engager les rois et ceux qui se distinguent des autres à reprendre la délibération. Mais, lorsque Homère ajoute qu'Ulysse frappe de son sceptre les hommes du peuple et les force à se rasseoir pour écouter ceux qui valent mieux qu'eux, ce mot de peuple signifie seulement la foule de ceux qui ne se distinguent ni par leur courage ni par leur sagesse, car Ulysse dit à chacun d'eux : « Tu n'es ni fort ni brave, et tu ne comptes ni à la guerre ni au conseil. » Il ne s'agit nullement ici d'une distinction de naissance, puisque Thersite, le plus maltraité de tous, était d'une fort bonne famille, cousin de Méléagre et du père de Diomède, Tydée. Enfin, quand le tumulte est apaisé, Ulysse engage les Achéens à rester devant Troie, et il ne leur parle ni de discipline ni d'obéissance, mais de leurs intérêts, de leur honneur et de leurs serments (1).

Aristote remarque que, dans l'assemblée, Agamemnon supporte les reproches et même les injures, tandis que sur le champ de bataille il menace de tuer ceux qu'il verra fuir. Il est vrai que cette menace, comme celle que Zeus fait quelquefois aux autres Dieux, n'est jamais suivie d'exécution. Hector répond aussi aux prudents conseils de Polydamas en l'accusant de lâcheté et en le menaçant de sa lance, s'il fuit ou engage les autres à fuir. Mais plus tard, reconnaissant son erreur, il se dévoue à la mort pour éviter les reproches de Polydamas. Il n'y a peut-être pas un pays civilisé où un général fût condamné pour avoir, dans la chaleur de l'action, menacé de mort celui qui donnerait le signal de la déroute ; mais il y a loin de là à un droit reconnu à un homme sur la vie des autres. Lorsque Achille devient amoureux

---

(1) Ces procédés d'Ulysse sont sans doute un peu brusques, et la force du poignet vient au secours de la persuasion, mais pouvons-nous dire qu'il ne se passe rien de semblable dans les meetings populaires chez de grands peuples civilisés ?

de l'amazone Penthésilée après l'avoir tuée, irrité contre Thersite qui le raille et l'outrage à ce sujet, il le frappe d'un coup de poing qui le tue. Aussitôt une sédition s'élève dans le camp, et Achille est obligé d'aller à Lesbos pour se soumettre aux cérémonies expiatoires par lesquelles on se purifiait des meurtres involontaires. Cette histoire, qui était racontée dans l'*Æthiopis* d'Arctinos de Milet, poëme cyclique faisant suite à l'Iliade, prouve quelle était l'importance attachée à la vie de l'homme, même le plus humble et le plus généralement méprisé.

Outre le commandement des armées et le jugement des querelles, Aristote attribue aux rois de l'époque héroïque la direction des sacrifices. On voit, en effet, Nestor dans l'Odyssée, Pélée et Agamemnon dans l'Iliade, présider au sacrifice, au milieu du peuple. Mais c'est moins une attribution spéciale de la royauté qu'une fonction appartenant partout au chef de la famille; quand il s'agit d'un sacrifice offert par tout le peuple, c'est naturellement le premier du peuple qui y préside. Dès l'origine, on offrit aux Dieux les prémices des repas sur le foyer domestique, qui fut le premier autel; aussi les repas sont-ils souvent appelés chez les poëtes les repas des Dieux. Au moment de traiter ses hôtes, Achille dit à Patrocle d'offrir aux Dieux les prémices. Lorsque les Dieux eurent des maisons spéciales, ναοί, il fallut des desservants spéciaux pour les garder, et à l'époque héroïque on voit des prêtres attachés à chaque temple, sans que pour cela les sacrifices publics ou particuliers aient cessé d'être offerts par le père de famille ou par le roi. Outre ces prêtres qui habitent les temples et reçoivent les offrandes faites aux Dieux, il y a des devins, comme Calchas, sorte d'aœdes doués d'une inspiration spéciale pour lire l'avenir et composer des formules d'incantation. Mais ni les uns ni les autres ne forment un corps politique ; ce sont de simples citoyens ayant leur part des droits et des devoirs de tous ; le devin Polydamas combat comme les autres Troyens. Le sacerdoce, auquel les deux sexes sont admis, est électif. Ainsi Théano, femme d'Anténor, a été choisie par les Troyens pour être prêtresse d'Athènè. (Iliade, VI, 300.) Le sacerdoce est, comme la royauté, une fonction déléguée par le choix libre du peuple, de qui seul émane toute autorité.

D'après les caractères de la royauté héroïque, il était difficile qu'elle fût héréditaire. Cependant il devait arriver souvent que le fils ou l'un des fils du roi fût lui-même assez distingué par sa force et son courage pour être à son tour le chef du peuple ; quelquefois il devenait roi du vivant même de son père, comme on le voit par l'exemple d'Achille et par celui d'Ulysse. Hector est le véritable roi des Troyens, dont la reconnaissance promet déjà la royauté à son fils : ils l'appelaient Astyanax le prince de la ville, parce qu'Hector protégeait seul la ville et les murs. La présence d'Hector conserve à Priam une espèce d'autorité au milieu du peuple ; mais Achille craint qu'en son absence Pélée ne soit lésé par ses voisins. Laerte, depuis le départ d'Ulysse, est rentré tout à fait dans une condition privée ; il cultive son champ et ne va même pas aux assemblées. On ignore si Télémaque succédera un jour à son père ; Eurymaque, l'un des prétendants, lui avoue qu'il ne le souhaite pas, et Télémaque répond : « Il n'est pas mauvais pour un homme d'être roi : sa maison devient riche, et lui-même est plus honoré ; mais il y a beaucoup d'autres rois, des jeunes et des vieux, parmi les Achéens, dans Ithaque entourée par la mer. Que quelqu'un d'entre eux prenne la place, puisque le divin Ulysse est mort. Mais je resterai maître de notre maison et des captifs que le divin Ulysse a pris à la guerre. » Les chefs qui revenaient d'une expédition lointaine risquaient de trouver leur place prise, comme il arriva à plusieurs rois revenus de la guerre de Troie. Mais ces petites royautés si nombreuses ont trop peu d'importance, et donnent trop peu de pouvoir à ceux qui les possèdent pour qu'on puisse en considérer les déplacements continuels comme autant de révolutions ou de changements de dynasties ; il est plus vrai de dire que l'hérédité du commandement était un fait qui devait être assez fréquent, mais nullement une loi reconnue.

Il ne faut donc pas que le mot de roi, si souvent employé par Homère, fasse illusion : la Grèce fut toujours républicaine. Il est utile de le remarquer dès le début de son histoire, pour comprendre les institutions qu'elle se donna par la suite, et ne pas attacher l'importance d'une révolution sociale à l'abolition des royautés, qui ne fut qu'un changement de forme. Les rois de l'époque héroïque étaient ce qu'on appellerait aujourd'hui des notabilités influentes dans leur commune ; leur autorité était toute morale et la souveraineté pleine, entière et absolue, appartenait au peuple assemblé. Il n'y avait pas de distinction de classes ; quoique la population de la Grèce paraisse avoir été formée de plusieurs invasions successives, il faut croire que les nouveaux venus s'établissaient à côté des anciens habitants sans les déposséder, car on ne trouve dans les poëmes d'Homère aucune trace de l'existence d'une caste de conquérants. C'est ce qui explique le développement de la civilisation grecque dès l'époque héroïque. Il est vrai que les héros sont tous plus ou moins de race divine, mais c'étaient les qualités personnelles qui prouvaient cette filiation, et l'exemple de Thersite montre que sans la force et le courage on ne gagnait pas beaucoup à avoir des Dieux dans sa famille.

L'égalité des droits individuels, loin d'exclure les distinctions fondées sur les aptitudes naturelles et le mérite particulier de chacun, leur permettait de se manifester sans entraves. Toute supériorité personnelle reconnue pouvait donner à ceux qui la possédaient une légitime influence sur les décisions de ses égaux, sans constituer pour cela une hiérarchie et une différence de droits. Dans la guerre comme pendant la paix, la décision souveraine appartenait à l'ensemble du peuple, mais cette décision était facilement entraînée par les conseils de quelques-uns. Homère fait souvent des distinctions entre ses héros : les uns l'emportent par leur force et leur courage, les autres par leur éloquence et leur sagesse. L'influence de la richesse paraît d'abord moins légitime; il y a même une contradiction apparente entre toute distinction de riches et de pauvres, et les principes de justice et d'égalité qui étaient si fortement enracinés dans la conscience des Grecs comme dans leurs mœurs. Mais cette contradiction disparaît si on cherche quelles pouvaient être, à l'époque héroïque, les sources de la richesse : c'était d'abord le travail, et ensuite la part que les plus braves recevaient de leurs compagnons dans le butin fait sur l'ennemi. La richesse n'était donc pas une faveur arbitraire ou aveugle de la fortune, elle était le signe certain et la juste récompense de l'activité laborieuse et de la vertu guerrière.

Il est vrai que la richesse se transmet des pères aux enfants; mais, si la différence qui résulte de cette transmission est contraire à l'égalité, il ne semblerait pas moins injuste d'empêcher un père de laisser à son fils un bien légitimement acquis. D'ailleurs les mêmes vertus qui ont été nécessaires au père pour l'acquérir sont aussi indispensables aux enfants pour le conserver : sans le travail et l'activité, leur champ cessera de produire; sans le courage ils ne sauront pas le défendre. Quelque inflexibles que soient les principes, il faut bien, dans la pratique, subir les nécessités qui résultent de la nature même des choses, et auxquelles la propriété est soumise comme toutes les institutions humaines. Lors même qu'elle a pris pour point de départ le travail et l'égalité, elle aboutit fatalement, soit par l'action des causes naturelles, soit par l'inertie des uns et l'activité des autres, à l'inégalité des fortunes. Faudra-t-il les remanier sans cesse et procéder chaque année à un nouveau partage, sans tenir compte des droits acquis par les efforts particuliers de quelques-uns, ou préférera-t-on la communauté absolue des biens, que Platon voulait établir dans sa République? Dans un cas comme dans l'autre, n'est-il pas à craindre qu'avec l'espoir du gain on n'ôte au travail son principal mobile d'énergie? Pour entretenir cette énergie, l'émulation désintéressée suffira-t-elle? Les Grecs ne l'ont pas cru, bien que l'amour de la gloire fût un des traits principaux de leur caractère, et ils ont admis la propriété individuelle en s'efforçant d'éviter les dangers qu'elle entraîne. Leurs efforts pour la concilier avec la justice expliquent la plupart des faits de leur histoire intérieure et extérieure, migrations de peuples, fondations de colonies, révolutions politiques, etc., non-seulement pendant l'époque héroïque, mais encore et surtout dans les siècles suivants, jusqu'à la constitution des républiques.

Tant qu'un territoire est suffisant pour nourrir tous ses habitants, il est conforme à la justice que chacun cultive la part qui lui est nécessaire pour assurer sa subsistance et celle de sa famille, et respecte le travail des autres afin que le sien soit respecté. Mais il peut arriver que quelques-uns cherchent à se soustraire à cette obligation, et, après avoir négligé la culture de leur champ, veuillent rétablir l'équilibre par la ruse ou par la violence. On doit supposer aussi qu'une société qui commence à sortir de la barbarie par le travail sera exposée aux incursions d'une tribu voisine encore sauvage. Les traditions héroïques sont pleines d'histoires de troupeaux volés. Il faut donc que la force vienne au secours du droit, et que celui qui a cultivé son champ sache aussi le défendre. Le courage, auxiliaire de la justice, est la vertu la plus nécessaire dans une société naissante. Mais il est à craindre que la force, dont l'exercice développe les instincts violents, après avoir servi à la défense, ne soit employée à l'attaque.

Hérodote parle des discussions qu'il y avait de son temps entre les Grecs et les barbares, pour savoir à qui devaient être attribuées les premières injustices; il parle d'enlèvements de femmes grecques par des barbares et de femmes barbares par des Grecs, et il s'abstient de décider la question de priorité. Mais il est vraisemblable que les Phéniciens, qui furent navigateurs avant les Grecs, durent exercer les premiers des actes de piraterie. Les brigands domptés par Hèraclès, par Thésée, et par les autres héros des légendes, sont en général des fils de Poseidon, c'est-à-dire qu'ils viennent de la mer. Les nécessités de la défense poussèrent les Grecs à des représailles, et on voit par le témoignage de Thucydide que, s'ils avaient appris la piraterie des Phéniciens, ils se mirent bientôt à l'unisson de leurs maîtres. Quelques passages de l'Odyssée font croire que la piraterie était regardée dans l'origine comme une des formes de la guerre, et ne déshonorait pas ceux qui s'y livraient. Cependant Minos passait pour l'avoir réprimée dans la mer Égée, et la guerre de Troie n'était que la punition d'un acte de brigandage exercé par des barbares sur la terre hospitalière de la Grèce.

Comme le mal engendre toujours le mal, cette succession d'attaques et de représailles faisait de part et d'autre négliger l'agriculture A une époque où tous les hommes prenaient part à la guerre, les femmes, les vieillards et les enfants ne suffisaient pas toujours pour cultiver les champs. Les vainqueurs revenaient chargés de butin, mais ils retrouvaient leur pays en friche. Il sembla qu'on pouvait se servir pour réparer le mal de ceux qui en avaient été la première cause par une agression injuste, et dans toute guerre chaque parti attribue à ses adversaires les premiers torts. L'usage de vendre les captifs fut la suite inévitable de la piraterie et du brigandage. (Odyss. XV, 427, 458.) Si on considère que la Grèce, par sa position géographique, était exposée sur toutes les côtes aux incursions des pirates phéniciens ou phrygiens, et du côté du nord à celles des peuples barbares de la Thrace et de l'Épire, que les uns et les autres, après avoir pillé les récoltes, enlevaient les habitants, hommes et femmes, pour les vendre, on reconnaîtra qu'il eût fallu, pour ne jamais rendre la pareille, une résignation au-dessus de la nature humaine; et si l'on se rappelle ces exterminations de peuples racontées dans les annales de la race sémitique, l'idée de soumettre les vaincus au travail au lieu de les tuer semblera un véritable progrès. On doit donc s'étonner, non pas qu'il y ait eu des esclaves dans la période héroïque, mais qu'il y en ait eu si peu : Homère ne nous en montre que dans les maisons des rois.

On aurait d'ailleurs une idée très-fausse de la servitude à cette époque, si on la confondait avec ce qu'elle fut dans d'autres sociétés. La condition des captifs dans Homère est très-différente du servage des Hilotes de Sparte après l'invasion dorienne; bien moins encore peut-on les comparer aux serfs de l'Europe moderne ou aux nègres des colonies. L'esclavage n'était pas encore la condition d'une race entière, c'était une exception, un accident, un de ces malheurs qui peuvent arriver à tous les hommes. L'affranchissement pouvait rendre un serviteur l'égal d'un homme libre, et l'homme libre savait qu'il pouvait lui-même être réduit à la condition servile, et que l'avenir est sur les genoux des Dieux. Le mépris n'était pas attaché à la servitude, car le malheur n'est pas une tache. Apollon avait servi chez Admète, Hèraclès avait été l'esclave d'Eurysthée. Personne ne dédaignait alors de s'occuper des travaux appelés depuis serviles. Achille dans sa tente, les fils d'Autolycos dans la maison de leur père, font cuire et découpent eux-mêmes les viandes qu'ils offrent à leurs hôtes. Aussi les domestiques, lorsqu'on en avait, n'étaient que des auxiliaires, et la distance morale qui les séparait de leurs maîtres était très-faible. Un roi de l'époque héroïque, au milieu de ses serviteurs qui font presque partie de sa famille, ressemble bien moins à un monarque d'Orient ou d'Europe entouré de ses courtisans et de ses ministres, qu'à un propriétaire de campagne parmi ses fermiers et ses paysans.

La punition des servantes infidèles qui avaient souillé de leurs débauches la maison d'Ulysse ne prouve pas qu'il y eût un droit reconnu du maître sur ses domestiques ; c'est une vengeance, absolument comme la punition des prétendants de Pénélope, sur qui on ne peut pas dire qu'Ulysse eût droit de vie et de mort. Mais ce même Ulysse parle à Eumée et à Philœtios comme à des amis, il leur promet de leur donner une maison, un champ et une épouse et de les regarder comme les frères de Télémaque. Eumée donne lui-même des détails sur sa condition. Fils d'un roi de l'île de Syria, il a été enlevé dans son enfance par des pirates phéniciens qui l'ont vendu à Laërte. Il parle souvent de la bonté d'Anticlée pour lui. « Tant qu'elle vivait, j'aimais à l'interroger et à lui répondre, car elle m'a élevé elle-même avec sa noble fille, Ctimène à la robe tombante, la plus jeune de ses enfants ; elle nous élevait ensemble et m'honorait presque autant que sa fille. Mais, lorsque nous sommes parvenus tous deux à la jeunesse désirable, ils l'ont donnée en mariage à un homme de Samè et ont reçu de nombreux présents. Quant à moi, Anticlée me donna de très-beaux vêtements, une tunique et un manteau, et des sandales pour mes pieds, et elle m'envoya dans les champs ; elle m'aimait bien du fond du cœur. Maintenant tout cela me manque ; mais les Dieux heureux ont fait fructifier le travail auquel je me livre ; et par lui j'ai pu boire et manger, et donner aux vénérables indigents. »

Eumée a lui-même un serviteur qu'il a acheté de ses deniers à des pirates taphiens. (Odyss. XIII,150.) Or Eumée n'est pas une exception : lorsqu'il parle de ce qu'Ulysse aurait fait pour lui s'il fût resté à Ithaque, il ajoute que c'est l'habitude de tout bon maître: « Il m'aurait constamment aimé, et il m'aurait donné les biens qu'un prince bienveillant donne à ses serviteurs, une maison, une terre et une épouse enviée. » Le nom et le souvenir d'Ulysse reviennent sans cesse dans ses discours : « Ainsi il est mort, et il ne reste que des regrets à ses amis, et à moi surtout, car je ne trouverai jamais un maître si doux, n'importe où j'irai; pas même si je retournais dans la maison où je suis né, auprès de mon père et de ma mère, qui m'ont élevé. Et même ce n'est pas tant sur eux que je pleure, quoique je désire bien les revoir de mes yeux dans ma terre paternelle; mais je regrette plus encore Ulysse absent. Je n'ose pas même, ô mon hôte! prononcer son nom pendant qu'il n'est pas là ; car il m'aimait bien et s'intéressait à moi dans son cœur ; mais je l'appelle mon frère aîné qui est loin de moi. »

Philœtios parle de son maître avec autant d'affection et de reconnaissance; à la vue d'un étranger pauvre et mal vêtu, la sueur le couvre et ses yeux se remplissent de larmes, lorsqu'il pense qu'Ulysse est peut-être errant parmi les hommes, et couvert de pareils haillons : « Mais, s'il est mort et dans les demeures de l'Invisible, hélas! l'illustre Ulysse, qui m'avait envoyé encore tout petit garder les vaches chez le peuple des Képhalléniens!... Et maintenant elles deviennent innombrables, et il n'y a pas d'homme pour qui se multiplie davantage la race des bœufs au large front. Mais d'autres se les font amener pour les manger, et ils ne s'inquiètent pas de l'enfant qui est dans la maison, et ils ne craignent pas la vengeance des Dieux; ils désirent depuis longtemps partager les biens du prince absent. Pour moi, mon cœur roule ces pensées dans ma poitrine : certes il serait très-mal, lorsqu'il est vivant, d'aller chez un autre peuple, emmenant les bœufs chez des hommes étrangers; mais il est dur de rester ici à souffrir en gardant les vaches d'autrui. Et déjà depuis longtemps je serais allé chez quelque autre des rois magnanimes, parce que cela n'est plus tolérable; mais j'attends encore ce malheureux, s'il pouvait revenir pour chasser les prétendants de sa maison. » Ainsi, Philœtios n'est nullement obligé de rester où il est; il irait offrir ses services à d'autres s'il n'était retenu par un lien moral.

La condition d'Euryclée est également très-douce : « Laërte l'avait achetée autrefois de ses biens, lorsqu'elle était dans la première jeunesse, et il avait donné le prix de vingt bœufs. Il l'honorait dans sa maison à l'égal de sa chaste épouse; il ne s'unit jamais avec elle, et il évita d'offenser sa femme. » Euryclée éleva Ulysse et Télémaque; devenue vieille, elle gouvernait la maison de Pénélope et dirigeait les travaux des servantes. Dans toute maison bien ordonnée, la condition des domestiques et des servantes était exactement celle de ces serviteurs, comme on en trouve encore dans nos campagnes, qui grandissent et vieillissent dans la famille dont ils semblent faire partie. Il y aurait une différence s'il était prouvé que l'esclavage était héréditaire, mais cela semble encore plus douteux que l'hérédité de la royauté. Les captifs, δμωές, soit qu'ils aient été enlevés à la guerre, soit qu'ils aient été achetés à des pirates, ne paraissent pas distingués nettement des mercenaires, θητές, qui louent leur travail pour un salaire, condition si peu méprisée que des Dieux même s'y étaient soumis : on disait que Poseidon et Apollon s'étaient engagés pour un an chez Laomédon, l'un pour bâtir un mur, l'autre pour garder les troupeaux ; et cette légende n'étonnait pas beaucoup à une époque où les rois faisaient la cuisine. Toutes les distinctions sociales étaient vagues et indécises, toutes les institutions étaient flottantes et mobiles. Tant qu'il n'y a pas de lois écrites, c'est la coutume qui en tient lieu, et chez les Grecs les coutumes n'avaient pas le temps de s'enraciner et de vieillir. Ils avaient admis l'inégalité des richesses comme une conséquence nécessaire de la propriété, l'esclavage et la royauté comme des suites inévitables de la guerre, mais en atténuant autant que possible le caractère de ces institutions contraires à leurs principes d'égalité : les rois étaient fort peu au-dessus des autres hommes, les serviteurs ne différaient pas beaucoup de leurs maîtres.

Les institutions d'un peuple restent toujours plus ou moins en arrière du progrès de ses idées et de ses mœurs, parce qu'elles sont en partie l'œuvre des nécessités extérieures et des traditions du passé. Dans la société héroïque, l'ordre n'était maintenu, à défaut de lois positives, que par le lien religieux et le sentiment naturel de la justice ; mais il faut se souvenir que cette société sortait à peine de la barbarie primitive, dont il n'est pas étonnant qu'il restât çà et là quelques vestiges. On en trouve surtout des traces dans la guerre, où les instincts violents se déchaînent en toute liberté. Les combats de l'Iliade ont un caractère sauvage qui contraste singulièrement avec la douceur des mœurs en dehors du champ de bataille. Le vaincu, même lorsqu'il demande grâce, est rarement épargné, et le vainqueur se glorifie de sa force et raille souvent son ennemi terrassé. Cependant Ulysse, après la mort des prétendants, défend à sa nourrice de montrer une joie bruyante : « Réjouis-toi dans ton cœur, vieille, mais contiens-toi et ne hurle point. Il n'est pas permis de se glorifier sur des hommes tués. C'est la destinée des Dieux qui a dompté ceux-ci et leurs méchantes actions » Le vainqueur s'emparait ordinairement des armes du vaincu ; cependant Achille ensevelit Éétion avec ses armes. En général, des trêves permettaient aux deux partis d'enlever leurs morts et de leur rendre les derniers devoirs ; on voit quelquefois néanmoins une lutte s'engager autour d'un cadavre, par exemple, le fameux combat autour du corps de Patrocle. Mais, lorsque Achille traîne sur la poussière le corps d'Hector, Homère raconte ce fait avec une désapprobation manifeste. De même, quand Achille immole douze captifs sur le tombeau de Patrocle, il commence par éloigner Agamemnon et les autres Grecs, et le poëte, ordinairement si sobre de réflexions, ajoute cette fois : « Il avait résolu dans son cœur une méchante action. » Les mêmes expressions sont employées dans l'Odyssée à propos de la vengeance exercée par Ulysse contre Melantheus.

On ne distinguait pas encore très-nettement une ruse de guerre d'une trahison, ni le brigandage des autres formes de la guerre, surtout chez ces peuplades de l'Ætolie qui conservaient des habitudes de piraterie au temps de Thucydide, et qui, à ce qu'il paraît, n'y ont pas encore renoncé. Un mot de l'Odyssée à propos d'Autolycos, aïeul maternel d'Ulysse, semble même prouver qu'ils attribuaient le succès de leurs exploits équivoques à une protection divine, comme le font aujourd'hui, dit-on, les brigands de la Calabre et des Abruzzes. Cependant on voit déjà dans l'Iliade des conventions s'établir entre les peuples ennemis, et des trêves se conclure sous l'invocation des Dieux. L'imprécation d'Agamemnon contre ceux qui violeront la trêve est remarquable à cause de la mention expresse qui y est faite d'une punition réservée aux parjures après la mort : « Père Zeus, très-glorieux, très-grand, qui règnes du haut de l'Ida ; Soleil, qui vois tout et entends tout ; Fleuves et Terre, et vous qui, sous la terre, punissez les hommes morts lorsqu'ils ont violé un serment, soyez nos témoins et les gardiens de la foi jurée. » Et le peuple ajoute en répandant une libation de vin : « Zeus très-glorieux, très-grand, et autres Dieux immortels, ceux qui les premiers auront violé la foi jurée, que leur cervelle, comme ce vin, coule sur la terre, à eux et à leurs enfants, et que leurs femmes s'unissent à d'autres. » Les Troyens, premiers auteurs de la guerre, violent les premiers la trêve, et leur défaite est doublement justifiée.

Les héros d'Homère n'hésitent pas à quitter le combat lorsque la chance ne leur est pas favorable, sauf à prendre leur revanche lorsque les Dieux seront pour eux, au lieu de favoriser leurs adversaires. Ils évitent, en général, de s'attaquer à un ennemi qu'ils savent plus forts qu'eux ; de même, lorsqu'ils ont devant eux un ennemi plus faible, ils lui conseillent souvent de se retirer et de rentrer dans les rangs. Hector, qui repousse parfois les conseils de la prudence, prend la fuite lorsqu'il reconnaît les saintes balances de Zeus. Ces alternatives d'ardeur et de défaillance sont l'expression vraie de la nature humaine ; et plus tard, lorsque la pensée même de la fuite fut considérée chez les Grecs comme un irréparable déshonneur, la poésie homérique n'en resta pas moins la glorieuse apothéose de la valeur guerrière. Tous les caractères de l'Iliade, si variés et si vrais, expriment, avec des nuances différentes, l'idéal du courage, comme les statues grecques traduisent, sous des formes multiples, l'idéal de la beauté. Le choix des exemples est impossible : il faudrait nommer tous les héros et citer tout le poëme. Remarquons seulement que le courage, dans Homère, n'est pas cette fureur aveugle et brutale, si commune chez les races barbares ; les Troyens se battent pour défendre leur patrie, les Achéens pour punir une injustice et pour tenir leur serment ; mais ni les uns ni les autres n'aiment la guerre pour elle-même : « Il est beau de mourir pour sa patrie, » dit Hector à ses compagnons. Après son grand combat contre Ajax, il lui propose de terminer la lutte, « parce que la nuit arrive et qu'il est bon d'obéir à la nuit ; et ainsi, près des vaisseaux des Achéens, tu réjouiras le cœur de tous et surtout de tes compagnons et de tes amis ; et moi, dans la grande ville du prince Priam, je réjouirai les Troyens et les Troyennes au long voile qui vont prier pour moi dans l'enceinte sacrée. Mais échangeons entre nous d'illustres présents, afin que les Troyens et les Achéens puissent dire : Ils soutinrent bravement la lutte ardente, mais ensuite ils se séparèrent bons amis. »

Le plus fougueux de tous les héros d'Homère, Achille, sent le prix de la vie et du repos ; on le voit par sa réponse à Phœnix et à Ulysse ; mais, lorsqu'il a son ami à venger, il retourne dans cette mêlée des hommes d'où il sait qu'il ne doit pas revenir. Quelquefois une mélancolique réflexion sur l'instabilité de la vie humaine empêche l'audace de se ralentir : « O mon cher ! dit Sarpédon à Glaucos, si, après que nous aurons évité le combat, nous devions être exempts à jamais de la vieillesse et de la mort, je ne combattrais pas au premier rang, et je ne t'enverrais pas à la bataille qui illustre les hommes ; mais les Kères de la mort sont dix mille autour de nous, et il n'est pas possible à un mortel de les fuir et de les éviter. Allons donc, et nous donnerons de la gloire à quelqu'un, ou il nous en donnera. » Presque toujours c'est le sentiment de l'honneur et du devoir qui pousse les héros en avant. Hector, quoique sûr d'être tué par Achille, se décide à l'attendre, de peur d'avoir à rougir devant les Troyens et les Troyennes ; il veut mourir avec gloire « et faire

quelque grande action, digne des chants à venir. »
Il n'y a rien de plus noble et de plus fier que la prière d'Ajax au moment où les ténèbres couvrent le champ de bataille : « Père Zeus, dissipe du moins le brouillard autour des fils des Achéens; fais le beau temps et laisse-nous voir clair; et si tu veux nous détruire, que ce soit au grand jour. »

Le caractère sociable des Grecs rendit toujours les querelles privées très-rares parmi eux. Ils ne connurent jamais cette coutume du duel qui fut apportée en Europe par les barbares, et qui s'y est toujours maintenue. On s'étonne aujourd'hui que l'usage de laver l'honneur dans le sang ne se soit jamais introduit chez un peuple qui portait si haut l'idée de la dignité humaine, tandis qu'il persiste toujours chez d'autres peuples nourris dans les traditions serviles du vasselage; mais les Grecs, tout en mettant le courage au premier rang des vertus, ne confondaient pas le droit avec la force, et ne croyaient pas que l'habileté dans le maniement des armes prouvât la justice d'une cause ou pût y suppléer. Le point d'honneur qui permet d'insulter un adversaire plus faible, à la condition de le tuer ensuite, ne leur eût semblé qu'une forme hypocrite de l'assassinat. Pendant toute la durée de la guerre de Troie, une seule dispute s'élève entre deux chefs, et les malheurs qui en sont la suite forment le nœud et la moralité de l'Iliade. Agamemnon a outragé

Achille ; il en est puni par les malheurs de son armée, l'attaque de la flotte et la victoire d'Hector. Alors il reconnaît sa faute et veut la réparer ; mais Achille refuse de se laisser fléchir, il repousse les conseils de ses amis, il garde sa colère : il en est puni par la mort de Patrocle ; il a écouté sa haine, il est frappé dans son amitié. Enfin tous les deux, éclairés et purifiés par le malheur, maudissent la discorde et préparent la victoire par leur réconciliation.

Le talion était regardé comme la forme la plus générale et la plus simple de la loi pénale ; cependant le coupable pouvait fléchir la colère de l'offensé en lui offrant une réparation du dommage qu'il lui avait causé. Ainsi Phœnix dit à Achille : « Nous avons entendu les louanges des anciens héros : quand ils éprouvaient une violente colère, ils se laissaient apaiser par des présents ou par des paroles. » Ajax ajoute même, pour faire ressortir le caractère implacable d'Achille : « D'autres acceptent une rançon pour un frère ou un fils tué, et, après que cette rançon a adouci leur cœur et leur fier ressentiment, celui qui s'est racheté peut rester dans la ville. » L'exil du meurtrier donnait à l'irritation des parents et des amis de la victime le temps de se calmer, et les disposait à accepter une rançon. Cet exil, qui était accompagné de cérémonies expiatoires, était d'usage, même après un meurtre involontaire ; c'est ainsi qu'on évitait d'impitoyables représailles. Quand le coupable ne reconnaissait pas ses torts et qu'il y avait contestation, on s'en remettait au jugement du peuple, comme on le voit par la scène retracée sur le bouclier d'Achille : « Les citoyens étaient assemblés sur la place publique, et une discussion s'était élevée, et deux hommes se disputaient sur une rançon pour un homme tué. L'un affirmait avoir tout payé, et le déclarait au peuple ; l'autre niait avoir rien reçu ; et tous deux désiraient terminer l'affaire par un arbitrage. Les citoyens criaient des deux parts, soutenant l'un ou l'autre, et des crieurs contenaient le peuple. Les vieillards étaient assis sur des pierres polies, dans le cercle sacré, et ils tenaient dans leurs mains les sceptres des crieurs à la voix éclatante. Ils se levaient et portaient leurs jugements tour à tour ; et au milieu étaient deux talents d'or, pour donner à celui qui aurait le mieux jugé. »

Le respect pour les vieillards est un des caractères de la civilisation grecque, et en particulier de cette société héroïque qu'on représente quelquefois comme n'estimant que la force physique. Dans l'Iliade, Nestor est toujours écouté avec déférence par tous les chefs achéens. L'un des plus audacieux, Diomède, qui ne craint pas de lutter contre deux divinités, s'excuse d'abord avec modestie lorsqu'il donne son avis au milieu des autres rois plus âgés que lui. Il reçoit avec douceur les reproches injustes d'Agamemnon. Pâris écoute aussi sans se plaindre les réprimandes d'Hector, son aîné; dans les jeux funèbres, Antiloque cède le prix à Ménélas. L'autorité morale de l'âge, de la sagesse et de l'expérience n'était jamais méconnue et tempérait la fougue naturelle de cette race jeune, active et robuste. Quand les institutions de la Grèce prirent une forme plus arrêtée, la libre action du peuple dans les républiques fut toujours modérée par un conseil de vieillards, une Gérousie, dont il est facile de trouver le modèle dans ces vieillards de l'Iliade qui rendent la justice dans le cercle sacré. Les vieillards représentent dans les États la tradition du passé, et la Grèce, dont on a tant de fois accusé la mobilité, conserva toujours le culte de ses traditions. Mais les vieillards étaient les conseillers du peuple, non pas ses maîtres; jamais le respect des souvenirs n'entrava chez les Grecs le développement de la vie sociale et la libre activité des générations nouvelles. Celles-ci ne faisaient pas dater de leur naissance l'avénement de la vérité et de la justice, mais elles ne s'endormaient pas, comme les races accroupies de l'Orient, dans la muette adoration du passé. En tout, la Grèce sut garder une juste mesure; dans la morale, dans l'art, dans la science, la valeur des idées ne dépendait pour elle ni de l'ancienneté ni de la nouveauté de leur apparition dans l'histoire, car le beau, le juste et le vrai ne sont pas des questions de chronologie.

Le respect de la vieillesse n'est qu'une conséquence et une extension de la piété filiale; c'est aussi la famille qui fournit à l'amitié son modèle le plus parfait, l'amour fraternel, dont le type est consacré par la religion dans les Jumeaux célestes, les Cavaliers étoilés qui se partagent l'immortalité. L'amitié est le premier élément d'une société au delà des limites de la famille, la première forme du lien social entre égaux. Un ami n'est pas moins qu'un frère, dit Homère; le plus grand des héros, Héraclès, aurait semblé incomplet s'il n'avait eu un ami. Le *Bouclier*, attribué à Hésiode, l'associe à Iolaos, une autre tradition à Philoctète. Thésée a pour compagnon Pirithoos, et l'accompagne jusque chez Aïdès. L'amitié d'Oreste et de Pylade repose l'esprit au milieu de la sombre légende des Atrides. Plusieurs des héros d'Homère marchent aussi par couples fraternels : Agamemnon et Ménélas, Glaucos et Sarpédon, Mérion et Idoménée, Diomède et Sthénélos, enfin Achille et Patrocle, dont l'amitié sert d'argument à la seconde moitié de l'Iliade. Cette amitié relève le type sauvage d'Achille, et justifie le poëte de l'avoir choisi pour son héros. Le sujet de l'Iliade se prêtait moins que celui de l'Odyssée au développement des sentiments de la famille : le théâtre de l'action est toujours un champ de bataille; Hécube et même Andromaque ne pouvaient occuper que le second plan. Homère y a suppléé par la peinture des regrets déchirants que fait naître dans l'âme violente d'Achille la perte de son ami : d'abord les pressentiments et les inquiétudes, puis, après la fatale nouvelle, le nuage noir de la douleur, les sanglots et les hurlements entendus des Néréides, et les nuits sans sommeil ou peuplées de fantômes, ou passées à se rouler de désespoir sur le sable de la mer; enfin l'immense carnage au bord du fleuve, et l'inexorable vengeance que n'apaise pas même la mort d'un ennemi, et qui ne cède que devant le spectacle d'une douleur égale et devant le souvenir d'un vieux père absent.

Comme l'amour fraternel est le type de l'amitié, l'amitié à son tour est le modèle de ce sentiment moins ardent, mais plus large, que Cicéron appela plus tard la charité du genre humain, et dont l'hospitalité est l'application pratique. L'horreur des Grecs pour les mœurs inhospitalières de certaines peuplades sauvages se traduit par les descriptions fantastiques qu'Homère fait des Cyclopes, des Læstrygons, et de ce roi Échétos dont les prétendants menacent Iros comme d'un épouvantail. Les prétendants eux-mêmes ne sont pas beaucoup mieux traités par le poëte. Quelques-uns cependant donnent à Ulysse, déguisé en mendiant, quelques morceaux de leur repas, et blâment Antinoos de sa dureté pour lui; mais cette pitié dédaigneuse suffirait tout au plus avec un fainéant comme Iros, qui fait de la mendicité une profession, et qui outrage les indigents. L'homme qu'ont frappé des malheurs envoyés par les Dieux est revêtu d'un caractère sacré : « Il y a des Dieux et des Érinnyes pour les pauvres. » Des hommes sans respect pour les Dieux et la justice croient seuls avoir assez fait pour un suppliant en lui permettant de s'asseoir sur le seuil de la salle du festin, et de ramasser les miettes tombées de leur table, qu'ils lui font payer par des sarcasmes et des outrages ; ces maigres aumônes n'ont rien de commun avec la véritable hospitalité grecque.

Lorsque Ulysse, après son naufrage, arrive chez Alkinoos, il n'y est pas traité moins largement que Télémaque à Lacédémone ou à Pylos chez les amis de son père. A peine s'est-il présenté en suppliant devant la reine Arètè, d'après les conseils de Nausicaa et d'Athènè, que le héros Echénèos, le plus vieux des Phéaciens, parle ainsi à Alkinoos : « Alkinoos, il n'est pas beau pour toi, et il ne convient pas qu'un étranger soit assis par terre dans les cendres du foyer. Ceux-ci se taisent, attendant que tu parles. Allons, relève l'hôte, et place-le sur un siége aux clous d'argent, et commande aux crieurs de verser le vin, afin que nous fassions des libations à Zeus, roi de la foudre, qui accompagne les vénérables suppliants ; et que l'intendante donne à souper à l'étranger avec ce qu'il y a ici. — Et, dès que la force sacrée d'Alkinoos l'eut entendu, prenant par la main le prudent Ulysse à l'esprit subtil, il le fit lever du foyer et le plaça sur un siége splendide, à la place de son fils, l'ami des hommes, Laodamas, qui était assis près de lui, et qu'il chérissait vivement. Et une servante versa de l'eau d'une belle aiguière d'or dans un bassin d'argent, pour qu'il se lavât, et elle étendit devant lui une table polie. Et la vénérable intendante lui apporta du pain et plaça devant lui des aliments abondants, lui donnant une large part de ce qu'il y avait. Alors la force d'Alkinoos dit au crieur : Pontonoos, mêle le vin dans la coupe, et distribue-le à tout le monde dans la maison, afin que nous fassions des libations à Zeus, roi de la foudre, qui accompagne les vénérables suppliants. »

Toujours on commence par accueillir l'étranger et l'engager à apaiser sa faim et sa soif, avant de lui demander qui il est, d'où il vient et ce qu'il veut. Le roi des Lyciens traite Bellérophon pendant huit jours avant de l'interroger. Lorsque Mentor et Télémaque arrivent à Pylos, ils trouvent Nestor et ses fils occupés à faire rôtir les viandes pour un repas en l'honneur de Poseidon. Tous se pressent au-devant des hôtes, et l'aîné des fils du roi les fait asseoir à côté de son père et les invite à prendre part au festin des Dieux. Nestor dit ensuite : « Il est plus convenable, maintenant que les hôtes sont rassasiés de nourriture, de les interroger et de leur demander qui ils sont. » Télémaque et Pisistrate arrivent chez Ménélas au moment où il célébrait les noces de son fils et celles de sa fille; un serviteur annonce l'arrivée des étrangers : « Dis-moi, demande-t-il à Ménélas, si nous détellerons leurs chevaux rapides, ou si nous les enverrons vers quelque autre qui les accueillera. Alors, très-indigné, le blond Ménélas lui dit : Tu n'étais pas dénué de sens jusqu'ici, Étéoneus, fils de Boèthoos ; mais, maintenant, tu dis des sottises comme un enfant. Certes, nous avons souvent mangé le pain de l'hospitalité chez d'autres hommes, avant de venir ici ; que Zeus nous préserve désormais de l'infortune. Dételle donc les chevaux des étrangers, et conduis-les ici eux-mêmes, pour qu'ils prennent part au banquet. » Alkinoos se plaint aussi que Nausicaa n'ait pas amené l'étranger avec elle : « Mon hôte, certes, ma fille n'a pas pensé à ce qui est convenable, puisqu'elle ne t'a pas amené ici avec les servantes ; car tu l'as suppliée la première.—Et l'ingénieux Ulysse, lui répondant, lui dit : Héros, ne réprimande pas à cause de moi l'irréprochable jeune fille; car elle m'a dit de la suivre avec les servantes, mais je ne l'ai pas voulu, par crainte et par respect, de peur que ton cœur ne fût irrité; car nous sommes soupçonneux sur la terre des hommes. —Et, à son tour, Alkinoos lui répondit et s'écria : Mon hôte, je n'ai pas dans la poitrine un cœur qui s'irrite ainsi au hasard; il vaut toujours mieux faire ce qui convient. »

Le lendemain, Alkinoos offre un sacrifice et réunit à sa table tous les rois des Phéaciens. Le repas est très-simple, comme tous les repas homériques; la sobriété fut toujours un des traits des mœurs grecques; le vin était toujours mélangé d'eau. La plus violente injure qu'Achille adresse à Agamemnon est l'épithète d'ivrogne; ces excès, si communs chez les barbares du Nord, étaient regardés en Grèce comme un des caractères des peuplades sauvages, telles que les Centaures; Homère, qui ne flatte pas les prétendants de Pénélope, ne les accuse pourtant pas de s'être enivrés. Les repas avaient chez les Grecs le caractère d'une cérémonie religieuse; ils commençaient et finissaient par des libations en l'honneur des Dieux, et se distinguaient moins par la variété des mets que par les chants et les danses. Un chanteur charme par ses récits les convives d'Alkinoos, qui terminent la fête par des exercices de force et d'adresse. Ensuite Ulysse raconte ses aventures, et Alkinoos fait préparer un vaisseau pour le reconduire dans Ithaque, « car, dit-il, jamais personne, venant chez moi, n'a longtemps attendu dans la douleur le jour du retour. » Mais, avant de quitter son hôte, il lui donne lui-même et engage les autres rois à lui donner de riches présents. Télémaque, à son départ de Lacédémone, reçoit aussi des présents de Ménélas. Jamais on ne se sépare d'un hôte sans lui faire les présents de l'hospitalité, ξένια. Et ces vertus hospitalières ne sont pas le privilége des rois et des riches ; chacun les pratique en proportion de ses ressources. Eumée trouve sa condition heureuse parce qu'il a de quoi manger, boire et donner aux vénérables indigents ; il reçoit Ulysse sous son toit et le fait asseoir à sa table, « car les étrangers et les pauvres viennent de Zeus, et les faibles dons qu'on leur fait lui sont agréables. »

L'hospitalité établit entre les hommes un lien sacré qui se transmet aux enfants comme un héritage. La guerre même ne peut le rompre : Glaucos et Diomède, en apprenant qu'il existait entre leurs ancêtres, échangent leurs armes et déclarent qu'ils s'éviteront réciproquement dans la mêlée. La fraternité des peuples n'est qu'une extension et une forme plus générale de ces amitiés héréditaires. Les grandes traditions héroïques, et surtout celles de l'expédition des Argonautes et de la guerre de Troie, rappelaient aux Grecs le souvenir, trop souvent oublié depuis, de cette fraternité primitive. Quand l'intérêt a divisé des frères, quoique personne ne veuille céder ni avouer ses torts, chacun se rappelle en secret les premières années d'enfance où les joies étaient communes comme les peines, et les réunions à la table de la famille autour des vieux parents. C'étaient des souvenirs pareils que retraçaient aux

Grecs les poèmes d'Homère. Au milieu des guerres impies qui creusaient le tombeau des républiques, ils retrouvaient là, ainsi qu'un écho de l'âge d'or, cette antique fédération des peuples frères, scellée par la communauté des dangers et de la victoire, sous les regards protecteurs des Dieux de la patrie. Il n'y a pas dans toute l'Iliade une seule trace de rivalité entre les peuples réunis devant Troie. Tant que dure cette longue guerre entreprise par tous pour venger l'injure d'un seul, il n'y a qu'une sainte émulation de courage entre les héros conjurés.

La distinction entre les Grecs et les barbares, distinction qui d'ailleurs ne dépassa jamais les bornes du patriotisme le plus respectable, n'existait même pas aux temps héroïques. Excepté la polygamie de Priam, on ne voit dans l'Iliade aucune différence entre les Grecs et les Troyens; sauf un vers où il est question d'un peuple au langage barbare, dans tout le cours de ses deux poëmes, Homère n'a pas l'air de se douter qu'il y ait plusieurs langues parmi les hommes. En dehors de la guerre, tout étranger est un hôte, et il n'y a qu'un mot en grec pour exprimer ces deux idées. Les principes de la philanthropie la plus large sont résumés dans un vers de l'Iliade à propos de cet Axylos qui avait bâti sa maison sur le bord de la route pour recevoir les voyageurs : « Il était très-riche et très-aimé des hommes, car il était plein de charité pour tous. »

Ce mot, dont l'emploi pourra sembler un anachronisme, est le seul qui rende à peu près la force de l'expression homérique φιλέεσκε. Apollonios de Rhodes raconte qu'Hèrè, déguisée en vieille femme, se lamentait un jour au bord de l'Anauros gonflé par les neiges, « pour éprouver la justice des hommes, » et que Jason, revenant de la chasse, la prit sur ses épaules et lui fit passer le torrent. Bien que rapportée par un poëte alexandrin, cette légende doit être ancienne, car elle a bien le caractère de l'époque héroïque, et n'est qu'une application du mot d'Homère : « Les Dieux, déguisés en mendiants, parcourent les villes pour éprouver la justice ou l'injustice des hommes. »

Dion Chrysostome et d'autres ont remarqué que tous les grands événements de la guerre de Troie se passent en dehors du cadre des poëmes d'Homère. L'enlèvement d'Hélène, le rassemblement de la flotte, la prise et la destruction de la ville, la tempête et le retour des Atrides, étaient racontés dans d'autres poëmes à jamais perdus pour nous. Puisque cette perte est irréparable, ne pourrait-on pas essayer de s'en consoler en partie, en supposant que ceux qui nous ont seuls été conservés devaient la préférence dont ils étaient l'objet de la part des Grecs eux-mêmes, précisément à ces admirables études morales qu'ils renferment, et que dans les autres l'importance même des événements laissait trop peu de place à la peinture des sentiments humains ? Ce qui est certain, c'est que les tragiques, qui puisèrent sans scrupule dans le Cycle troyen et dans les autres poëmes héroïques de la Grèce, ont à peine osé toucher à l'Iliade et à l'Odyssée. L'œuvre d'Homère est restée sacrée comme un autel dans le temple où l'ont placée l'étonnement et la vénération des siècles. Virgile lui-même, le seul qu'on ait osé lui comparer, n'a conquis, en l'imitant, que le droit d'être son grand prêtre. Il faut que tous les patriotismes et tous les systèmes en prennent leur parti : Homère, comme le peuple que ses chants ont bercé, est resté et restera dans sa majestueuse solitude, par-dessus les nuages, dans les hauteurs inaccessibles et lumineuses ; et si l'avenir peut se passer de poésie, le nom d'Homère sera du moins le dernier nom de poëte que le monde oubliera, afin que soit accomplie la prophétie du vieux rhapsode : « Salut à vous tous, et souvenez-vous de moi dans l'avenir ; et lorsqu'un des hommes terrestres, un étranger voyageur venant ici vous demandera : Jeunes filles de Délos, quel est pour vous le plus agréable des chanteurs qui sont ici, et lequel vous plaît le plus ? alors répondez tout d'une voix, comme il convient : C'est l'homme aveugle qui habite dans la rocheuse Chios ; ses chants sont à jamais les meilleurs. »

CHAPITRE VI

POÉSIE MORALE ET DIDACTIQUE D'HÉSIODE. LA JUSTICE ET LE TRAVAIL.

Le mythe de Pandore et le mythe des âges ; lien qui rattache ces traditions à la pensée générale du poème d'Hésiode. — Allusions à la position du poète et à la société de son temps. — Caractère moral de la poésie d'Hésiode : Éloge de la justice et du travail. — Son caractère didactique : Conseils pratiques donnés aux laboureurs.

Les épopées d'Homère sont la plus éclatante manifestation du génie poétique des Grecs, et en même temps la forme première de leur histoire ; les poëmes d'Hésiode sont le point de départ de la philosophie et de la science. Cela seul suffirait pour déterminer l'âge relatif de ces deux poëtes, ou, pour parler plus exactement, des œuvres qui portent leurs noms. Mais prenons ces noms dans le sens le plus large ; admettons qu'ils représentent deux écoles de poésie, puisque aussi bien les Grecs eux-mêmes hésitaient à attribuer à l'auteur des Travaux et Jours la Théogonie, les grandes Eoiées et les autres poëmes hésiodiques, de même qu'ils doutaient que l'Iliade, l'Odyssée, les hymnes et les autres poëmes homériques fussent l'œuvre d'un même poëte. De ces deux écoles, la seconde semble plutôt réagir contre la première que la continuer. Si on était en Inde ou en Égypte, on dirait que c'est la réaction de la caste des prêtres et de celle des laboureurs contre la caste des guerriers. En Grèce, il n'y eut jamais de castes, et s'il y eut des races différentes, elles étaient déjà confondues à l'époque héroïque; mais on peut voir dans la Théogonie une réaction philosophique et religieuse contre l'anthropomorphisme d'Homère, dans les Travaux et Jours une réaction des tendances agricoles et pacifiques contre l'esprit militaire et le goût des aventures lointaines. Les noms d'Homère et d'Hésiode furent souvent opposés dans les légendes qui circulèrent plus tard en Grèce : on disait qu'ils avaient chanté tour à tour dans des jeux funèbres, Homère une bataille de l'Iliade, Hésiode des préceptes d'agriculture, et que les juges de ce tournoi poétique, malgré l'avis du peuple, qui acclamait Homère, avaient donné le prix à Hésiode, disant que ses vers étaient plus utiles aux hommes. Dans l'aristocratie militaire de Sparte, on disait qu'Homère était le poëte des héros, Hésiode celui des hilotes.

La morale d'Hésiode n'est pas différente de celle d'Homère, mais elle la complète. L'épopée met en scène les affections du cœur, les sentiments de famille, l'amitié, le courage, la charité hospitalière; la poésie gnomique et didactique, première forme de la philosophie, s'attache de préférence aux vertus intellectuelles, l'amour du travail, la prudence, la temperance, et surtout la justice. Il y a là une succession normale qui résulte de la nature même des choses : dans les sociétés humaines, comme dans les individus, les instincts apparaissent d'abord, puis les sentiments, puis les idées. Les instincts ont leur siége dans la portion inférieure du corps, près de la terre dont il est sorti ; les sentiments résident dans la poitrine, les idées dans la tête, du côté du ciel; la même hiérarchie s'observe entre les organes de la face et entre les parties du cerveau, car la tête est un résumé du corps humain. Les sensations tendent à la conservation de l'individu ; les affections servent de lien entre les égaux; l'intelligence relie l'homme au monde supérieur en lui révélant les lois générales. Le premier effort de la morale consiste à faire prédominer les sentiments sociaux sur les instincts égoïstes, le second à soumettre les sentiments à la raison ; de ces deux phases de la vie morale, la poésie épique représente la première, la poésie philosophique correspond à la seconde. Homère célèbre l'amour conjugal, qu'il oppose à l'adultère; il exalte l'amitié, le respect des suppliants et des pauvres, la religion du serment, et surtout le courage, cette première lutte de l'énergie humaine contre l'instinct inné de la conservation. Le poëme d'Hésiode est la glorification du travail et de la justice, la condamnation de la paresse et du brigandage.

Le poëte débute par la distinction entre les deux rivalités, l'une funeste, qui produit les querelles et la guerre, l'autre utile, qui entretient l'émulation parmi les hommes, et pousse le paresseux même au travail par le spectacle des richesses de l'homme actif et laborieux. La nécessité du travail est établie ensuite sur deux traditions mythiques, celle de Pandore et celle des âges. La légende de Pandore est racontée d'une manière assez différente dans la Théogonie. Si ces différences n'empêchent pas d'attribuer les deux poèmes au même auteur, elles prouvent du moins que les poëtes de cette époque faisaient entrer dans la composition de leurs œuvres des fragments anonymes qu'ils recousaient ensemble ; c'est d'ailleurs ce que dit Hésiode dans des vers qui lui sont attribués : « A Délos alors, pour la première fois, moi et Homère, chanteurs, cousant des vers dans des hymnes nouvelles, avons célébré Phoibos Apollon au glaive d'or, qu'enfanta Lèto. » Dans la Théogonie, Pandore paraît représenter ces séductions dangereuses, ces fascinations de la nature dont la femme est le type, et que les Dieux envoient aux hommes pour éprouver leur force. Dans les Travaux et Jours, le sens du mythe est plus nettement indiqué : cette vierge charmante et funeste créée en punition du larcin de Prométhée, et ornée de tous les dons des Dieux, c'est la Fortune (1), ou plutôt c'est la civilisation elle-même, suite de la découverte du feu; c'est cette curiosité de l'intelligence qui fait sortir mille maux de la boîte fatale, où il ne reste plus que l'espérance. Tant que l'homme vivait d'une vie inconsciente dans le sein fécond de la nature, comme les plantes, comme les animaux et toutes les autres incarnations des forces éternelles, son existence était facile comme celle des Dieux, ῥεῖα ζώοντες. Mais maintenant que le génie de l'homme a engagé la lutte contre la nature, il faut que la race de Prométhée cherche sa vie dans le travail, car les Dieux ont caché les sources de la vie depuis que le feu a été ravi du ciel.

La tradition des âges du monde nous présente sous un autre forme les souvenirs antéhistoriques de l'humanité. Les Dieux et les hommes ont une même origine; l'âge d'or est cette période embryonnaire où l'homme, confondu dans la vie universelle et mêlé avec les Dieux, n'a pas encore de loi spéciale. Mais la conscience tarde trop à s'éveiller; engourdis dans cette vie facile, mous et sensuels, les hommes de l'âge d'argent, comme de grands enfants sans intelligence, μέγα νήπιοι, vieillissent dans les bras de leur mère, et n'ont nul souci des lois éternelles, ou,

---

(1) Voyez la dissertation d'Heinsius sur Pandore, dans son édition d'Hésiode

comme dit le poète, ne veulent pas honorer les Dieux. Bientôt les instincts violents se développent ; la race d'airain, aux membres robustes, née des nymphes des frênes, c'est-à-dire du bois des lances, s'extermine elle-même dans des querelles sans fin. Alors une race meilleure et plus juste lui succède : « la race sacrée des héros, qu'à la génération précédente on appelait les Demi-dieux sur la terre immense. » Mais toute la race des Demi-dieux disparut dans les grandes guerres, dans la Cadmée ou sous les murs de Troie, et le poëte ajoute : « Pourquoi me faut-il vivre au milieu du cinquième âge des hommes ? J'aurais dû mourir plus tôt ou naître plus tard, car c'est maintenant la race de fer. » Et il annonce qu'un siècle encore plus dur suivra l'ère présente : « Maintenant les maux sont encore mêlés de biens, mais bientôt il n'y aura plus ni liens de famille, ni hospitalité, ni justice, ni vertu; Aïdôs et Némésis (l'honneur et la morale) remonteront au ciel et le mal sera sans remède. » Tout ce mythe des âges est bien obscur, et comme Homère n'y fait allusion nulle part, et qu'il ne reste rien des autres poëtes antérieurs ou contemporains, on n'a aucun moyen de contrôler le récit d'Hésiode. Il est certain qu'il rapporte une tradition ancienne, mais la forme en est étrange, le sens difficile à saisir, et les commentaires de Tzetzès, de Moschopoulos, et même de Proclos, ne l'éclaircissent guère. On voudrait que la punition du Jardin de Prométhée, et ornée de tous les dons des Dieux, c'est la Fortune (1), ou plutôt c'est la civilisation elle-même, suite de la découverte du feu; c'est cette curiosité de l'intelligence qui fait sortir mille maux de la boîte fatale, où il ne reste plus que l'espérance. Tant que l'homme vivait d'une vie inconsciente dans le sein fécond de la nature, comme les plantes, comme les animaux et toutes les autres incarnations des forces éternelles, son existence était facile comme celle des Dieux, ῥεῖα ζώοντες. Mais maintenant que le génie de l'homme a engagé la lutte contre la nature, il faut que la race de Prométhée cherche sa vie dans le travail, car les Dieux ont caché les sources de la vie depuis que le feu a été ravi du ciel.

La tradition des âges du monde nous présente sous un autre forme les souvenirs antéhistoriques de l'humanité. Les Dieux et les hommes ont une même origine; l'âge d'or est cette période embryonnaire où l'homme, confondu dans la vie universelle et mêlé avec les Dieux, n'a pas encore de loi spéciale. Mais la conscience tarde trop à s'éveiller; engourdis dans cette vie facile, mous et sensuels, les hommes de l'âge d'argent, comme de grands enfants sans intelligence, μέγα νήπιοι, vieillissent dans les bras de leur mère, et n'ont nul souci des lois éternelles, ou,

---

(1) Voyez la dissertation d'Heinsius sur Pandore, dans son édition d'Hésiode

comme dit le poète, ne veulent pas honorer les Dieux. Bientôt les instincts violents se développent ; la race d'airain, aux membres robustes, née des nymphes des frênes, c'est-à-dire du bois des lances, s'extermine elle-même dans des querelles sans fin. Alors une race meilleure et plus juste lui succède : « la race sacrée des héros, qu'à la génération précédente on appelait les Demi-dieux sur la terre immense. » Mais toute la race des Demi-dieux disparut dans les grandes guerres, dans la Cadmée ou sous les murs de Troie, et le poëte ajoute : « Pourquoi me faut-il vivre au milieu du cinquième âge des hommes ? j'aurais dû mourir plus tôt ou naître plus tard, car c'est maintenant la race de fer. » Et il annonce qu'un siècle encore plus dur suivra l'ère présente : « Maintenant les maux sont encore mêlés de biens, mais bientôt il n'y aura plus ni liens de famille, ni hospitalité, ni justice, ni vertu ; Aïdôs et Némésis (l'honneur et la morale) remonteront au ciel et le mal sera sans remède. » Tout ce mythe des âges est bien obscur, et comme Homère n'y fait allusion nulle part, et qu'il ne reste rien des autres poëtes antérieurs ou contemporains, on n'a aucun moyen de contrôler le récit d'Hésiode. Il est certain qu'il rapporte une tradition ancienne, mais la forme en est étrange, le sens difficile à saisir, et les commentaires de Tzetzès, de Moschopoulos, et même de Proclos, ne l'éclaircissent guère. On voudrait que la science pût donner la clef de ces lointaines traditions qui, chez les Grecs comme chez les autres peuples, semblent de vagues souvenirs du temps où l'humanité était encore dans les limbes de la vie et de l'histoire; mais la science se tait sur les origines comme sur la fin des choses, et les traditions primitives de l'humanité restent pour nous des hiéroglyphes mystérieux écrits dans une langue inconnue.

Des légendes rapportées par des mythographes postérieurs placent avant l'âge des héros un déluge dont ni Homère ni Hésiode ne parlent. Des critiques modernes ont pensé qu'en séparant l'âge d'airain de l'âge de fer par la race des Demi-dieux, Hésiode avait fondu en une seule deux traditions différentes Le souhait qu'il forme d'être né plus tard semble indiquer qu'il espère un avenir meilleur, comme s'il eût entrevu cette période florissante et glorieuse de l'histoire grecque qui suivit l'établissement des républiques. Il n'admet donc pas plus une loi fatale dans la décadence que dans le progrès. Il semble même n'avoir eu d'autre but, en rapportant cette tradition des âges, que d'en tirer une conclusion morale, et de montrer que l'homme est toujours et partout l'artisan de sa destinée, et que son existence, même après la mort, dépend de l'emploi qu'il a fait de ses facultés pendant la vie. Les hommes de l'âge d'or, qui ont vécu d'une vie divine, deviennent les bons démons terrestres, gardiens des hommes mortels. Les hommes de l'âge d'argent sont appelés les heureux mortels souterrains : « Ils sont les seconds, mais un honneur les accompagne aussi. » Il ne dit pas quelle fonction ils remplissent sous la terre ; sans doute ils dirigent la vie des plantes, car ils ont vécu d'une vie toute végétative. Les hommes d'airain descendent sans nom dans la demeure humide et ténébreuse du glacial Aïdès. En disant qu'ils sont sans nom, le poète veut peut-être indiquer que les hommes de cette race violente et meurtrière ne conservent pas d'existence individuelle. Quant aux héros, ils habitent aux limites de la terre, et Kronos règne sur eux. Ils vivent avec un cœur tranquille, au delà de l'Océan aux gouffres profonds. Hésiode ne dit pas ce que deviendront après la mort les hommes du cinquième âge, sans doute parce que leur destinée terrestre n'est pas accomplie. Ils sont contemporains du poète, et c'est pour les détourner du mal qu'il leur montre par l'exemple des générations précédentes que les œuvres de l'homme le suivent même au delà de la vie.

Tel est le lien qui rattache cette démonologie à l'ensemble du poëme ; mais le poète laisse à ses auditeurs le soin de le découvrir. Il faut se rappeler que l'art des conclusions, aussi bien que celui des transitions, est absolument étranger à la poésie primitive ; si on voulait se dispenser de ce travail, que les auteurs plus modernes épargnent à leurs lecteurs, on ne verrait dans les trois ou quatre préambules du poëme d'Hésiode que des fragments décousus et sans suite, tandis qu'ils ont entre eux et avec le reste du poëme une liaison très-logique et très-naturelle, qu'on ne manquerait pas aujourd'hui d'indiquer par des divisions en chapitres, avec des sommaires au commencement et des moralités à la fin. De même le petit apologue de l'épervier et du rossignol, qui est le plus ancien exemple des fables ésopiques chez les Grecs, pourrait recevoir un titre explicatif tel que : « Le pouvoir judiciaire doit protéger le faible contre la violence. » La moralité de la fable est celle-ci : « Que les poissons, les bêtes fauves et les oiseaux ailés se dévorent entre eux, puisqu'il n'y a pas parmi eux de justice; mais aux hommes Zeus a donné la justice, qui est la meilleure des choses. » Seulement, avant d'arriver à cette conclusion, le poëte s'est laissé entraîner dans un éloge de la justice assez long pour faire perdre de vue son apologue. Cependant ce petit récit n'est nullement un hors d'œuvre. Le choix même des personnages n'est pas indifférent, car il contient une allusion directe : ce rossignol, qui chante inutilement entre les serres de l'épervier, ressemble bien à un pauvre poëte en lutte avec un roi ou un adversaire puissant; or d'autres passages du poëme font comprendre qu'Hésiode avait un procès avec son frère Persès, et que celui-ci achetait l'appui des rois qui voulaient juger cette querelle. De là les conseils que le poëte adresse tour à tour aux rois et à son frère : à ceux-là il prêche la justice, à celui-ci le travail, et le but particulier de l'auteur se confond avec la moralité générale de l'œuvre.

La société au milieu de laquelle vit Hésiode, la race de fer, comme il l'appelle, est déjà loin de cette belle société héroïque que décrit Homère, et qui, malgré ses imperfections, apparaissait aux générations suivantes comme un second âge d'or. Les invasions qui suivirent la guerre de Troie ont plongé la plus grande partie de la Grèce, et notamment la Bœotie, où vit le poëte, dans une sorte de moyen âge. Bien souvent la force remplace le droit ; les rois, institués dans l'origine pour protéger les faibles, prennent souvent le parti des riches qui les payent, et exploitent à leur profit personnel ces fonctions d'arbitres qu'ils ont reçues des peuples. « La Justice est traînée avec violence par ces mangeurs de présents, qui s'écartent du droit dans leurs sentences. Elle les suit en pleurant par la ville au milieu des peuples, apportant des maux aux hommes qui la chassent et ne la distribuent pas avec droiture. » (V. 202). Hésiode oppose ensuite le bonheur qui suit la justice aux maux qui menacent une ville où règnent l'injure et la violence : « Ceux qui rendent des jugements droits aux étrangers et aux citoyens et ne s'écartent en rien de la justice, leur cité prospère et les peuples y sont florissants. La paix, nourrice des jeunes gens, règne alors sur la terre, et jamais Zeus au large regard n'envoie la guerre pernicieuse Jamais, parmi les hommes justes, ne pénètrent la disette et la ruine. Ils jouissent dans les fêtes du fruit de leurs travaux La terre produit pour eux une nourriture abondante ; le chêne, dans la montagne, porte des glands sur sa cime, des abeilles dans ses flancs ; les brebis laineuses sont chargées d'une toison épaisse. Leurs femmes donnent naissance à des enfants qui ressemblent à leurs parents ; pour eux les biens se multiplient sans cesse ; ils ne voyagent pas sur des vaisseaux, leur champ fertile les nourrit de ses fruits. Mais ceux qui s'abandonnent à l'injure et aux mauvaises actions, Zeus au large regard leur envoie de justes représailles. Souvent même toute une ville a porté la peine des fautes et des crimes d'un homme méchant. Du haut du ciel, le fils de Kronos a envoyé un grand fléau, la famine et la peste. Les peuples périssent, les femmes n'enfantent plus et les familles décroissent par les décrets de Zeus olympien, et tantôt le fils de Kronos détruit leur grande armée et leur rempart, tantôt il fait périr leurs vaisseaux dans la mer. » (V. 223.) La punition de tout un peuple pour les crimes des rois peut sembler contraire à la justice divine ; mais, si la conscience se révolte, c'est contre le fait et non contre son expression. D'ailleurs, Proclos fait remarquer que les peuples sont responsables des actes de leurs chefs, « parce que, dit-il, ils ne devaient pas leur laisser l'autorité. » On s'étonnerait de trouver une pensée si fière au milieu du Bas-Empire, si on ne se rappelait que Proclos est le dernier représentant des antiques traditions de la Grèce.

Hésiode essaye de ramener la royauté à son principe ; mais, aux reproches dont ses conseils sont mêlés, on devine que les peuples ne tarderont pas à se défaire d'une institution qui a cessé de remplir son but : « O rois, considérez vous-mêmes cette justice, car auprès des hommes sont des immortels qui observent ceux qui se nuisent les uns aux autres par des actions injustes, sans s'inquiéter du regard des Dieux. Ils sont trente mille sur la terre nourricière, les démons immortels de Zeus, surveillants des hommes mortels. Vêtus d'air, parcourant la terre en tous sens, ils surveillent la justice et les actions coupables. Et il y a aussi la vierge Dikè (justice), née de Zeus, auguste et vénérable aux Dieux qui possèdent l'Olympe; si quelque impie l'outrage, aussitôt, assise auprès du père Zeus, fils de Kronos, elle lui rapporte les injustices des hommes, afin que le peuple expie la folie des rois, qui, livrés à des pensées funestes, s'écartent du droit chemin et rendent de mauvais jugements. Songez-y, rois mangeurs de présents, et redressez vos sentences, et renoncez à jamais à vos jugements injustes. L'homme qui fait du mal aux autres s'en fait à lui-même, et un mauvais dessein est surtout mauvais pour celui qui l'a conçu. » (V. 246.)

De temps en temps Hésiode fait une allusion à sa position personnelle et à son procès : « L'œil de Zeus qui voit tout et connaît tout regarde, s'il le veut, ce qui se passe ici, et la manière dont cette ville rend la justice ne peut lui échapper. » Puis viennent deux vers que Plutarque voudrait supprimer : « Que je ne sois pas juste, ni moi ni mon fils, car il est mauvais d'être juste si l'homme injuste obtient plus de droits. » Il est certain que la justice doit être aimée pour elle-même, sans intérêt ; mais on peut bien excuser le cri de découragement du juste opprimé ; d'ailleurs le poëte ajoute aussitôt : « Mais je sais que Zeus, roi de la foudre, ne permettra pas cela. » Il ne désespère pas même de la justice humaine : « La justice finit toujours par triompher de l'injure. » Il s'adresse aussi à son frère et l'engage à renoncer à la violence : « A celui qui dans l'assemblée parle avec justice et selon sa conscience, Zeus au large regard donne le bonheur ; mais celui qui se parjure volontairement et rend un faux témoignage se fait un tort irréparable ; en violant la justice, il laisse une tache à ses descendants, et l'homme qui respecte le serment améliore la condition des siens Je te donnerai de bons conseils, Persès, grand sot. On peut sans peine arriver d'un pas au vice; la route en est unie, et il demeure tout près. Devant la vertu, au contraire, les Dieux ont placé la sueur; le chemin est long et escarpé; il est rocailleux au commencement, mais, lorsqu'on arrive au sommet, on le suit sans effort, quoiqu'il soit difficile. » C'est la doctrine de l'efficacité des œuvres dans sa forme primitive; selon la remarque de Proclos, Hésiode avait montré avant Platon que la vie conforme à la vertu n'est pas seulement la meilleure, mais encore la plus agréable.

Le poëte fait ensuite un bel éloge du travail : « Souviens-toi de mon précepte, Persès, race divine; travaille, afin que la disette te haïsse et que tu sois aimé de Dèmèter à la belle couronne, et qu'elle emplisse ton grenier de provisions; car la disette accompagne toujours le paresseux. Les Dieux et les hommes s'indignent contre celui qui vit dans la paresse, pareil aux frelons inutiles qui dévorent le travail des abeilles. Règle et mesure ton travail, afin que tes greniers s'emplissent des fruits de la saison. C'est par le travail que tu deviendras cher aux immortels, car ils ont horreur du paresseux. Aucun travail n'est honteux : c'est l'oisiveté qui est honteuse. Si tu travailles, tu exciteras bientôt l'émulation du paresseux par ta richesse, qu'accompagneront la vertu et l'honneur. » A la richesse qui est le fruit du travail, Hésiode oppose les tristes résultats de l'oisiveté, la misère, qui rend l'homme honteux de lui-même, la mendicité, le vol et le brigandage : « Les richesses ne doivent pas être ravies ; celles que les Dieux donnent sont les meilleures. Si quelqu'un usurpe de grands biens par la violence ou les soustrait par l'adresse de sa langue, comme il arrive souvent quand le gain séduit l'esprit des hommes et que l'impudence remplace l'honneur, sans peine les Dieux l'abaissent, sa maison s'appauvrit, et la richesse ne l'accompagne pas longtemps. »

Le poëte énumère ensuite les principaux crimes contre la morale et les menace de la vengeance divine : « De même, si quelqu'un maltraitait un suppliant ou un hôte, ou montait dans le lit de son frère pour lui ravir secrètement sa femme, en commettant une action criminelle, ou par une fraude coupable dépouillait des enfants orphelins, ou par de dures paroles outrageait son vieux père sur le triste seuil de la vieillesse, certes, Zeus s'irriterait contre lui, et, à la fin, pour ses œuvres injustes, lui enverrait de dures représailles. » Les préceptes qui suivent se rapportent tantôt à la morale, tantôt à l'économie domestique. Ce sont en général des sentences détachées et exprimées en un ou deux vers. Ces sentences sont entremêlées de prescriptions relatives à l'agriculture et à la navigation, les deux principales sources de la richesse ; mais le poëte donne la préférence à l'agriculture, qui est la plus noble forme du travail. Dans cette partie de son poëme, Hésiode a été imité par Virgile. Au point de vue d'un art plus savant et plus raffiné, le poëme des Géorgiques peut être préféré à son modèle; mais celui-ci est moins un poëme didactique qu'une œuvre de morale, et c'est au point de vue de la morale qu'il doit être jugé. « Ce qui caractérise cette morale, dit M. Alfred Maury, c'est à la fois la parfaite connaissance du cœur humain qu'elle implique, et sa forme essentiellement pratique Rien du mysticisme de l'Orient, de ce Joguisme qui place la méditation des perfections divines au-dessus des œuvres, et anéantit la morale en voulant la purifier (1). »

On peut ajouter que cette morale est éminemment sociale. Jamais Hésiode ne suppose l'homme isolé de ses égaux; il attache une grande importance aux relations de voisinage : « Invite à dîner celui qui t'aime, laisse là celui qui te hait; invite surtout l'ami qui demeure près de toi; chaque fois qu'il arrive un accident domestique, les voisins accourent sans ceinture, les parents se ceignent d'abord. Un mauvais voisin est un fléau; un bon voisin est un grand bienfait. On trouve un trésor quand on trouve un bon voisin. Il ne mourrait pas un bœuf, si le voisin n'était mauvais. Mesure avec soin ce que tu empruntes à ton voisin, et rends-lui la même mesure, et davantage si tu peux. » L'idée de la réci-

(1) *Histoire des religions de la Grèce antique* Pour ce chapitre et pour le précédent, nous avons souvent consulté ce savant ouvrage

procité des devoirs domine dans tous les préceptes du poëte ; jamais il ne méconnaît les conditions normales de la nature humaine et de la vie sociale ; sa morale, toute pratique, n'a pas de ces exagérations décourageantes qui manquent le but en voulant le dépasser : « Aimer qui nous aime, aider qui nous aide, donner à qui donne, ne pas donner à qui ne donne pas ; chacun donne à qui donne, personne ne donne à qui ne donne rien. » Ces conseils satisfont la justice ; on est ingrat envers son ami si on ne le traite pas mieux que son ennemi ; on ne peut même traiter les méchants comme les bons sans faire tort aux uns et aux autres ; ce serait priver les bons de la récompense qui leur est due, et les méchants de la leçon dont ils ont besoin pour se corriger. Hésiode reconnaît à l'homme le droit de punir une offense, mais il pose une limite à cette punition ; il recommande le pardon des injures en y mettant pour seule condition le repentir du coupable : « Si quelqu'un te nuit le premier, soit par ses paroles, soit par ses actions, souviens-toi de le punir seulement deux fois, et, s'il revient à l'amitié et veut réparer sa faute, reçois-le : c'est un malheur de changer souvent d'amis. » Sans doute Épictète et Marc Aurèle poussent plus loin la résignation et le pardon des injures, mais ces aspirations excessives du Stoïcisme ne s'adressent qu'à des exceptions, et cela est heureux; car, tout en accordant à ces saints de la philosophie la profonde vénération qu'ils méritent, il faut reconnaître qu'une société où aucune offense ne serait punie deviendrait la proie des méchants.

Hésiode recommande la chasteté et condamne les relations des sexes en dehors du mariage : « Qu'une femme qui orne ses reins ne séduise pas ton esprit par son doux babil en s'informant de ta demeure ; car celui qui se confie à une femme se confie aux voleurs. » Il est évident que le trait final ne s'adresse pas à la femme en général, mais à la femme impudique, car, un peu plus loin, le poète fait l'éloge du mariage : « Conduis une femme à ta maison en temps opportun, quand tu n'auras ni beaucoup moins ni beaucoup plus de trente ans : c'est l'âge convenable pour le mariage. Que la femme soit nubile pendant quatre années et se marie la cinquième. Mais épouse une vierge, afin de lui enseigner les mœurs honnêtes. Prends de préférence celle qui demeure près de toi, et considère bien toutes choses pour ne pas épouser la risée de tes voisins. Car l'homme ne peut rien obtenir de meilleur qu'une bonne femme, ni de pire qu'une mauvaise, qui ne sait que manger, et qui brûle sans flambeau l'homme le plus robuste et le conduit à une vieillesse précoce. » Dans les souhaits qu'Hésiode fait pour son frère, il loue les familles nombreuses : « Puisse ton fils unique conserver la maison paternelle ; puisses-tu mourir vieux, laissant un autre fils grandissant chez toi ! A un plus grand nombre encore Zeus fournirait facilement d'immenses richesses. Plus on est nombreux, plus le travail est soigné, et plus les biens s'augmentent. » (V. 361, 693, 374.)

A côté de ces préceptes de morale, le poeme d'Hésiode contient un grand nombre de conseils de sagesse pratique, de prudence et d'économie. Mais cette prudence n'est pas de l'égoïsme, cette économie n'exclut pas la libéralité : « L'homme qui donne volontiers, lors même qu'il donne beaucoup, se réjouit de ses bienfaits et en est heureux dans son âme ; mais celui qui ne rougit pas de voler a le cœur déchiré par les remords, quelque petit que soit son larcin. » — « Évite les mauvais profits ; ils équivalent à des pertes. » En même temps qu'il conseille la bienfaisance, il ne veut pas qu'elle serve d'encouragement à la paresse ; il recommande d'éviter les emprunts : « Il est aisé de dire : Prête-moi tes bœufs et un chariot ; mais il est facile de répondre : Mes bœufs sont occupés. » — « Accomplis dans la saison chacun des travaux de Dèmèter, de peur d'être forcé par le besoin à mendier dans les maisons étrangères sans rien obtenir. Déjà tu es venu chez moi, mais je ne te donnerai plus rien et je ne te prêterai plus. Travaille, insensé Persès, accomplis les œuvres auxquelles les Dieux ont destiné les hommes, de peur d'aller tristement avec tes enfants et ta femme demander ta vie chez les voisins, et qu'ils ne s'inquiètent pas de toi. Ils te donneront peut-être deux ou trois fois ; mais, si tu les importunes davantage, tu n'obtiendras rien et tu parleras en vain ; ce sera une provision de paroles perdues. Je te conseille donc de payer tes dettes et d'éviter le besoin. » (V. 355, 350, 451, 390.)

Enfin le poëme se termine par quelques conseils sur l'emploi des différents jours du mois, conseils dont le sens nous échappe le plus souvent et dont la plupart nous paraissent des superstitions, comme les conseils analogues et les prédictions qui remplissent encore aujourd'hui les almanachs répandus dans nos campagnes. Mais la persistance des paysans à consulter ces almanachs fait reconnaître du moins qu'ils répondent à un besoin très-réel, et sert d'excuse à Hésiode. La science, jusqu'à présent, ne peut ni prévenir ni prévoir les orages; on doit donc pardonner aux anciens de n'avoir pas attendu ses conclusions, et d'avoir admis provisoirement des jours heureux et des jours malheureux. Cette croyance servait du moins à tromper l'inquiétude des pauvres laboureurs. Il est fort naturel que des hommes qui vivent sans cesse au milieu de la nature, et qui savent bien que leur récolte dépend souvent d'un orage, s'efforcent de chercher une règle à suivre au milieu des capricieuses variations de l'atmosphère. Ils notent leurs observations et cherchent à en tirer des conséquences ; ils s'aperçoivent que les oiseaux sont particulièrement sensibles aux influences des saisons, et semblent prévoir les changements de la température. Il paraît donc naturel de suivre leur instinct prophétique, de les prendre pour guides et d'observer leur vol avant les semailles et avant la récolte. De là le crédit qu'obtint chez les Grecs la science conjecturale des augures; après avoir consulté les oiseaux sur la pluie et le beau temps, on s'accoutuma à leur attribuer un caractère fatidique, et on les interrogea sur les événements de la vie humaine. Si l'usage de la divination nous fait sourire, il faut avouer du moins qu'il était assez inoffensif; jamais les Grecs ne connurent ces pratiques minutieuses qui, dans les théocraties, envahissent la religion et finissent par la remplacer. Hésiode recommande la piété, mais cette piété n'est que le couronnement de la morale, elle n'en tient pas lieu : « Offre, selon tes facultés, des sacrifices aux Dieux immortels avec un cœur chaste et pur. et brûle les cuisses grasses. Honore-les encore par des libations et des parfums quand tu vas te coucher et quand revient la sainte lumière. » Et le poëte conclut par ces mots : « Heureux et béni celui qui travaille, instruit de toutes ces choses, irréprochable aux yeux des immortels, observant les oiseaux et évitant les actions impies! »

CHAPITRE VII

LE COMMUNISME ARISTOCRATIQUE DE SPARTE. LYCURGUE, TYRTÉE.

L'invasion dorienne et ses suites. — Asservissement de l'ancienne population dans une partie de la Grèce. — Les citoyens, les sujets. les serfs. — Coup d'œil sur les institutions de Sparte ; leurs conséquences morales : courage, dévouement, culte de la patrie. — La poésie de Tyrtée, son caractère moral : l'honneur récompense de la vertu. — Tendances communistes des institutions de Lycurgue.

Les invasions qui suivirent de près la guerre de Troie arrêtèrent le développement normal de la société héroïque, et, après plusieurs siècles de luttes et de déchirements intérieurs, reconstituèrent une société nouvelle, moins homogène, et où, par cela même, le lien fédéral était beaucoup plus faible. La civilisation, brusquement interrompue dans certaines parties de la Grèce, se développa dans d'autres d'une manière très-inégale, en même temps que, par une sorte de compensation, de nombreuses colonies répandaient la pensée grecque sur les côtes de l'Asie Mineure, de la Sicile, de l'Italie et de la Libye. Cette période de l'histoire grecque a été rapprochée du moyen âge. Tout en reconnaissant entre ces deux époques quelques analogies, il faut aussi constater des différences fondamentales et en rechercher les raisons. Il faut reconnaître d'abord que les invasions barbares ne furent pas la seule ni même la principale cause de la chute de la civilisation antique. L'empire d'Orient, qui n'eut à subir ni invasion permanente ni conquête complète avant la domination musulmane, tomba néanmoins dans un état de stérilité pire peut-être que la barbarie de l'Occident. La civilisation d'un peuple est intimement liée à ses traditions religieuses et nationales ; celle des Grecs et des Romains était inséparable du polythéisme, et devait disparaître avec lui. Les invasions thessalienne et dorienne, au contraire, ne furent ni précédées ni suivies d'une transformation religieuse ; le fil de la tradition héroïque ne fut pas rompu, et la civilisation subit un temps d'arrêt, ou plutôt un déplacement partiel, mais ne disparut pas.

Mais une conséquence funeste de la conquête des Doriens et des Thessaliens, aussi bien que des invasions barbares, ce fut l'asservissement de l'ancienne population. L'esclavage, qui n'avait été à l'époque héroïque qu'une exception et un accident, devint un fait permanent dans une grande partie de la Grèce. Les pays qui ne subirent pas d'invasion continuèrent à vivre sans esclaves, selon l'ancien usage des Grecs; dans chaque maison, les plus jeunes servaient les plus vieux. Timée, cité par Athénée (1), l'affirme positivement pour les Grecs en général, et il ajoute que chez les Phocéens et les Locriens en particulier, cet état dura jusqu'à l'époque macédonienne : « Les lois des Locriens et celles des Phocéens, dit-il, ne permettent que depuis très-peu de temps d'avoir des servantes et des domestiques. La femme de Philomèle, celui qui prit Delphes, fut la première qui se fit suivre par deux servantes. De même les Phocéens furent singulièrement irrités contre Mnason, l'ami d'Aristote, qui avait acheté mille domestiques, et qui privait ainsi autant de citoyens de leur subsistance. » Hérodote affirme la même chose pour les Grecs en général et spécialement pour les Athéniens : « Leurs filles et leurs garçons allaient puiser de l'eau aux neuf fontaines; car, à cette époque, ils n'avaient pas de domestiques, ni eux ni les autres Grecs (2). » Mais, dans les pays envahis par les Thessaliens et les Doriens, une révolution complète s'opéra dans la condition des anciens habitants. Une partie émigra, préférant la liberté à la patrie; parmi ceux qui restèrent sur le sol natal, les uns perdirent leur liberté et une partie de leurs possessions, les autres essayèrent de résister, et, après des défaites successives, furent réduits en servitude par les vainqueurs. Ces serfs

(1) Deipnosoph. VI. — (2) Herodot. VII.

s'appelaient, en Thessalie, Pénestes (pauvres); en Laconie, Hilotes (captifs); en Crète, Klèrotes (tirés au sort). Après les guerres de Messénie, une partie des Messéniens émigra, le reste grossit le nombre des Hilotes. La constitution intérieure de ces parties de la Grèce fut donc la même que celle de la Gaule après la conquête des Franks, de la Grande-Bretagne après celle des Saxons, et plus tard après celle des Normands; il y eut trois populations superposées sur le même sol; les conquérants, formant une aristocratie militaire, les anciens habitants devenus sujets, et les serfs.

Quant à ceux qui s'étaient retirés devant l'invasion, les uns allèrent fonder des colonies, les autres s'établirent dans d'autres parties de la Grèce, l'Aigialos, la Bœotie, l'Attique, qui subirent ainsi le contre-coup de l'invasion. L'effet de la conquête se fit sentir indirectement au delà des pays occupés par les Doriens, de même qu'au moyen âge le système féodal s'étendit à des contrées où les barbares n'avaient pas pénétré. Il en résulta des déplacements de peuples, des luttes plus ou moins longues entre les fugitifs et ceux qui les avaient accueillis de gré ou de force, et même de nouvelles émigrations; mais aucune partie de la population ne fut réduite en servitude, et, après une suite de révolutions, la démocratie finit par triompher, tandis que le système aristocratique prévalut dans la Thessalie et la plupart des États doriens. La Grèce ne retrouva jamais cette unité qui lui avait permis d'entreprendre les grandes expéditions de l'âge héroïque. Elle perdit sa marine, mais non pas immédiatement après les invasions, car les nombreuses colonies parties de presque tous les États grecs montrent assez que ces États avaient encore des vaisseaux. La civilisation se développa plus librement dans ces colonies que dans les métropoles, sans cesse troublées par des guerres extérieures et des dissensions politiques. Mais aussi elles s'amollirent plus vite, et celles de l'Asie Mineure furent successivement soumises par les rois de Perse, tandis que les États de la Grèce propre acquirent dans leurs luttes continuelles des habitudes d'énergie qui remédièrent en partie aux funestes effets de leur désunion. Il serait donc injuste de dire que l'influence dorienne fut absolument mauvaise; mais, en faisant le compte du bien et du mal, on doit reconnaître que le mal l'emporta sur le bien.

On a bien peu de renseignements sur la période qui suivit les invasions, et qui paraît avoir été remplie par des querelles presque incessantes de peuple à peuple et presque de village à village. Ces petites luttes entre voisins n'étaient pas toujours bien meurtrières ; ainsi, par une convention qui s'était établie entre les cinq petites villes de la Mégaride, la guerre ne devait pas interrompre les travaux de l'agriculture : « Personne, dit Plutarque, ne faisait de mal aux laboureurs ; quand un guerrier était fait prisonnier, le chiffre de sa rançon était fixé, mais on le renvoyait avant qu'elle fût payée. Le vainqueur amenait son captif chez lui, partageait avec lui le sel et la table, et le renvoyait. Lorsqu'il payait sa rançon, il était félicité et devenait par la suite l'ami de son hôte ; c'est ce qu'on appelait δορύξενος, un hôte conquis par la lance. S'il ne s'acquittait pas, il était méprisé, non-seulement des ennemis, mais aussi de ses concitoyens, et regardé comme injuste et sans foi (1). » Dans ces conditions, la guerre n'était qu'un exercice propre à développer l'énergie virile. Malheureusement, les choses ne se passaient pas partout d'une manière aussi courtoise, témoin les guerres de Messénie, qui se terminèrent par l'expulsion ou l'asservissement des vaincus. Outre ces guerres extérieures, la plupart des cités grecques furent agitées par des luttes civiles qui commencèrent par l'abolition des royautés, et se prolongèrent en général jusqu'à l'établissement de constitutions républicaines et de législations en rapport avec le caractère du peuple. Sparte fut la seule république grecque qui conserva la royauté ; encore cette royauté n'était-elle pas une monarchie, mais une diarchie dont la seule prérogative sérieuse était le commandement militaire.

(1) Plut. Quæst. græc. XVII.

Sparte fut d'ailleurs, sous bien des rapports, une exception dans la Grèce; elle se distinguait de tous les autres États par son attachement systématique aux coutumes primitives, et par la tendance exclusivement guerrière de toutes ses institutions. Ces institutions, qui ont fait l'admiration de la plupart des philosophes, sont attribuées à Eurysthènes et à Proclès par Hellanicos (1); à Lycurgue, par Éphore et tous les autres historiens : on ajoute que Lycurgue les emprunta en grande partie aux Crétois, qui les faisaient remonter à Minos. L'esprit mythologique de la Grèce résume toujours par quelque nom propre ces grandes œuvres collectives de fondations de villes et de législations; quelquefois ces noms mêmes trahissent une personnification, par exemple ceux d'Hellen, d'Ion, de Doros, pères des Hellènes, des Ioniens, des Doriens; de même le nom de Thésée, qui signifie le fondateur ou le législateur. Sans refuser tout caractère historique à des légendes bien moins anciennes, comme celle de Lycurgue, il est impossible de ne pas restreindre beaucoup la part de l'influence individuelle dans la constitution des États grecs. Transformer en règles les usages du peuple, tel paraît avoir été l'œuvre de Lycurgue et de tous ces législateurs qui apparaissent au berceau des républiques comme des incarnations de la pensée populaire. Mais ces légendes n'en sont pas moins

(1) Strabon, VIII.

intéressantes comme expression du caractère national : le législateur grec n'est ni un Dieu ni un prophète, c'est un citoyen qui propose une loi au peuple; le peuple l'accepte et jure de l'observer jusqu'à son retour, et le sage, pour enchaîner ses concitoyens par leur serment, se condamne à mourir en exil. Ainsi nulle autorité ne s'impose à la volonté souveraine du peuple; il se soumet lui-même à une loi qu'il a faite ou librement acceptée. C'est une conséquence de la conception religieuse des Grecs, qui admet l'autonomie de tous les êtres.

Sans examiner en détail les institutions doriennes, indiquons en quoi, dans leur esprit général, elles étaient conformes ou contraires aux principes de la morale. Un fait qui domine tous les autres, c'est que ces institutions ne s'adressaient qu'à la population conquérante. La loi consacra l'iniquité primitive de l'invasion avec toutes ses conséquences. La conquête paraît avoir été lente et successive; ceux des anciens habitants qui n'avaient pas émigré, considérés comme étrangers et ennemis par la prolongation de la lutte, devinrent sujets par leur soumission ou leur défaite, serfs par leurs révoltes. Cette injustice a son explication, sinon son excuse, dans la faiblesse numérique des conquérants, qui les forçait à rester tyrans sous peine de devenir esclaves, à prolonger indéfiniment une sorte d'état de siége, et à se tenir toujours en garde contre un soulèvement. Sparte était comme le camp d'une armée d'occupation en pays étranger. Dans un pays occupé militairement, tous les droits politiques des habitants sont supprimés; tous les pouvoirs sont concentrés entre les mains de l'autorité militaire. L'armée est entretenue par le territoire qu'elle occupe et qu'elle protége; si les habitants se tiennent en repos, ils peuvent cultiver leurs propriétés et exercer leurs industries; s'ils se soulèvent, ils aggravent leur condition. Tel fut l'état de la Laconie sous l'occupation dorienne; sa population se composait de trois classes : les Spartiates, formant l'aristocratie militaire; les Laconiens, propriétaires libres, mais sans droits politiques; et les Hilotes, réduits à la condition de fermiers du sol qu'ils cultivaient. Il ne suffirait pas, pour excuser cette constitution, de dire qu'elle a été celle de toute l'Europe moderne, qui n'a commencé que d'hier à en sortir; que la condition des Hilotes, malgré quelques anecdotes plus ou moins vraisemblables, n'était pas comparable à celle des nègres dans les colonies, qu'elle était même à certains égards supérieure à celle des serfs, puisque le fermage payé par les Hilotes était modique et fixé par la loi, et qu'ils avaient des chances d'affranchissement. Il n'en faudrait pas moins reconnaître que la constitution spartiate méconnaissait la première loi de la morale sociale, l'égalité. Refuser tout droit politique à une portion quelconque de la population, c'est violer la justice ; consacrer pour une autre classe l'hérédité de la servitude, c'est éterniser l'iniquité. L'état de guerre suspend pour un temps les lois morales : les Spartiates conservèrent une conquête injuste par le maintien indéfini de l'état de guerre, c'est-à-dire par la permanence de l'injustice.

Des deux grandes vertus sociales, la justice et le courage, les Spartiates méconnurent la première ; mais ils donnèrent à la seconde un si prodigieux développement, qu'on est presque tenté de les absoudre et de partager l'admiration enthousiaste des anciens pour ces fortes et vaillantes natures. Si on regarde l'accroissement du bien-être matériel comme le but suprême de la vie humaine et comme la mesure de la civilisation, on aura peine à comprendre ce profond dédain pour le plaisir, cette indifférence pour la douleur, cette patience héroïque devenue proverbiale en Grèce, et dont l'apprentissage commençait presque dès le berceau. Dans des sociétés habituées à la mollesse, plus d'un sans doute préférerait la condition des Laconiens et même des Hilotes à la rude éducation, à l'austère discipline de cette sobre et silencieuse jeunesse, sans cesse exercée à toutes les luttes, à toutes les privations, à toutes les fatigues, vêtue à la légère l'hiver comme l'été, couchant dans les roseaux du fleuve, et déchirée sans pitié sous le fouet sanglant d'Artémis. C'est ainsi que se formaient ces générations d'adolescents robustes, toujours armés, fiers de leur sauvage beauté, peignant leurs cheveux et se couronnant de fleurs le matin des batailles, marchant à la mort comme à une fête, en chantant des hymnes aux Muses, vêtus de rouge pour ne pas donner à l'ennemi la joie de voir couler leur sang. Le courage spartiate n'est pas cette insensibilité brutale, cette violence aveugle, ce grossier besoin de lutte et de mouvement qui tient lieu de vertu aux races barbares ; c'est bien réellement, dans sa plus haute expression, la grande vertu virile des Grecs, ἀνδρεία, la toute-puissante domination de la volonté sur le monde extérieur et sur toutes les facultés de l'homme, mettant au service d'une idée grande et sainte, la patrie, une force indomptable de résistance à la douleur et une infatigable énergie dans l'action.

Pour être juste envers Sparte, il faut s'abstenir de la comparer toujours avec Athènes ; quel peuple soutiendrait cette comparaison ? Sans doute le développement harmonieux de toutes les facultés est bien au-dessus du culte exclusif d'une seule vertu ; Sparte représente un des côtés de la morale grecque, et c'est déjà bien assez pour sa gloire. On vante avec raison la morale stoïcienne, quoiqu'elle n'ait eu d'action que sur quelques âmes d'élite. Soyons donc justes aussi pour ce noble peuple qui a réalisé, pendant des siècles, un idéal que les plus hardis utopistes n'oseraient pas rêver. Gardons-nous de tout rapprochement injurieux entre cette fière et libre cité et les tyrannies féodales. Ces égoïstes et grossiers barbares, toujours en querelle entre eux, sans lois, sans assemblées, sans autre lien social que leur puérile hiérarchie, ne sachant pas même ce que c'est que la patrie, ne connaissant d'autre vertu que le vasselage, une vertu servile, qu'ils ne pratiquaient même pas, peut-on les comparer à cette fraternelle communion d'égaux, n'ayant qu'une seule pensée, le devoir; qu'un seul maître, la loi; qu'un seul amour, la patrie : amour violent, fanatique, enthousiaste; sacrifice complet et absolu de tous les intérêts, de toutes les espérances, de toutes les affections; dévouement sans bornes de tous les instants, dans la paix comme dans la guerre, dans la vie comme dans la mort? Nulle place pour l'intérêt privé; c'est la République, la grande âme au corps multiple, qui vit, qui se meut, qui agit seule dans chacun de ses membres, dont aucun n'a d'existence propre en dehors de cette unité vivante. Ni procès, ni querelles, ni dissensions, ni hiérarchie; le partage des terres y a pourvu, et la lourde monnaie de fer, et l'industrie abandonnée aux Laconiens, aux citoyens passifs. La modique redevance payée par les Hilotes suffit à l'entretien de leurs tyrans ascétiques : la sauce noire dans le repas commun, dans la fraternelle syssitie, la lutte, la chasse, et les épigrammes de la leschè, et la surveillance de l'éducation publique, car la génération nouvelle appartient à l'État, et chaque citoyen a tous les droits du père sur chacun des enfants de la patrie. Quant aux femmes, on ne leur demande que de faire des héros : au jour marqué, elles les armeront du bouclier et leur montreront la route sans regrets et sans larmes ; dans cet immense concours d'abnégation il faut qu'elles aient aussi leur part de souffrances muettes, et qu'elles apportent le sang de leur cœur en holocauste sur l'autel dévorant de la loi.

Si on méconnaissait le rôle moral de la Grèce, et si on ne voulait admirer que son génie, on pourrait croire que Sparte est de trop dans l'histoire. Cependant cette sévère république n'est pas aussi étrangère au monde de l'intelligence qu'elle le paraît d'abord. Lycurgue passait pour avoir apporté le premier les vers d'Homère en Grèce. Sparte eut des musiciens et des poëtes, au moins par adoption ; si leurs œuvres sont perdues, la faute n'en est pas aux Spartiates. Nous ne connaissons rien de Terpandre, et à peine quelques vers isolés d'Alcman ; mais Stobée nous a conservé quelques fragments de Tyrtée, qui fut avec Homère leur poëte favori. La légende qui fait de ce poëte un maître d'école, envoyé comme général aux Spartiates par les Athéniens, n'a rien d'invraisemblable. On ne peut supposer que les Athéniens aient eu, en le choisissant, l'intention de railler leurs rivaux, puisque la rivalité de Sparte et d'Athènes n'existait pas encore, et que rien ne la faisait prévoir. Si Tyrtée était de Milet, comme le veut Suidas, ce dut être quelque rhapsode venu en Grèce pour chanter les poëmes d'Homère et d'Arctinos, et il est très-possible qu'il ait ouvert une école pour les enseigner. A une époque où la tactique militaire était nulle, rien ne valait mieux que des chants guerriers pour exciter l'ardeur des jeunes gens au moment du combat, et les Athéniens crurent sans doute remplir les intentions de l'oracle, qui avait conseillé aux Spartiates de leur demander un général. Les Spartiates durent se féliciter de ce choix : Tyrtée devint leur poëte populaire ; son nom resta dans leurs souvenirs comme celui du grand héros Aristomène dans ceux des Messéniens. En lisant dans Pausanias le récit de ces luttes épiques, toutes nos préférences sont pour les vaincus ; mais Tyrtée n'en est pas moins, après Homère, le chantre glorieux de la vertu guerrière, et les quelques courts fragments qui nous en restent suffisent pour montrer que ce vieux maître d'école était de la race du vieux mendiant de Chios.

Parmi ces fragments on peut citer au hasard ; chacun d'eux semble résumer la pensée de cette dure cité, qui étonna la Grèce elle-même par sa toute-puissante énergie : « Je ne me souviendrais pas d'un homme, je ne le trouverais pas digne d'être nommé, fût-il le premier à la course et à la lutte, eût-il la taille et la force des Cyclopes, fût-il plus rapide que le Thrace Borée, plus beau que Tithon, plus riche que Midas et Kinyras, plus roi que le Tantalide Pélops; eût-il la langue mielleuse d'Adraste, eût-il toute espèce de gloire, s'il lui manquait le courage guerrier; car c'est un homme inutile à la guerre, s'il ne sait regarder en face le carnage sanglant et se ruer au-devant des ennemis. Mais la vertu est ce qu'il y a de plus enviable parmi les hommes, la plus belle couronne que puisse conquérir la jeunesse. C'est un bonheur public pour la ville et pour tout le peuple qu'un homme qui s'élance au premier rang des combattants et y demeure inébranlable, sans jamais songer à la fuite honteuse, prodiguant sa vie et son cœur indomptable, et encourageant celui qui est à ses côtés à tomber bravement. Voilà l'homme utile à la guerre; il a bientôt fait tourner les phalanges ennemies hérissées de pointes, et il s'entend à diriger le flot de la bataille. Tombant au premier rang, il meurt en illustrant sa ville et ses concitoyens et son père, frappé par devant de coups nombreux à la poitrine, et sur le bouclier arrondi et sur la cuirasse. Et les jeunes et les vieux gémissent à la fois, et la cité tout entière l'ensevelit avec d'amers regrets. Et son tombeau et ses enfants sont honorés au loin parmi les hommes, et les fils de ses fils et toute sa race dans l'avenir. Et jamais sa grande gloire et son nom ne périssent; même sous la terre, il est immortel, celui que le farouche Arès a frappé lorsqu'il combattait, brave, solide et hardi, pour sa terre natale et ses enfants. Mais s'il évite la Kère du long sommeil de la mort, et s'il remporte vainqueur le prix éclatant de la lance, tous l'honorent également, les jeunes et les anciens, et il descend comblé de joie chez Aïdès. Quand il vieillit, il tient le premier rang dans la ville ; il n'a à craindre ni violence ni outrage ; chacun se lève devant lui et lui cède la place, les jeunes et ceux de son âge, et les plus anciens. Ainsi, que chacun s'efforce d'atteindre le faîte de la vertu, sans jamais céder dans le combat. »

La pensée qui domine toute cette rude poésie est celle de l'honneur, récompense de la vertu. Pour entretenir cette prodigieuse tension de toutes les forces humaines, qui était la vie du Spartiate, l'intérêt privé étant retranché, restait l'émulation, le point d'honneur, sentiment si puissant chez les Grecs, quoiqu'un moderne ait voulu le réserver, à titre de compensation, aux peuples qui n'ont pas celui de la patrie. La honte attachée à la perte du bouclier, la réprobation universelle pour celui qui avait fui dans le combat, les sarcasmes des femmes, les insultes des enfants, le mépris et le dégoût des hommes, étaient peut-être la forme la plus violente de cette tyrannie de l'opinion, qui, en Grèce et surtout à Sparte, maintenait la force du lien social mieux encore que la loi elle-même. La dure éducation des enfants, qui pourtant n'avaient que des chefs choisis parmi eux, les habituait de bonne heure à ce despotisme du devoir qui rendait en fait la vie du citoyen plus difficile que celle d'un esclave. Mais il y a un abîme entre l'esclave du maître le plus clément, entre le sujet du prince le plus débonnaire, et le citoyen grec volontairement soumis au joug implacable de la loi. L'homme ne courbe pas la tête, il n'humilie pas sa dignité sacrée lorsqu'il obéit librement à une autorité abstraite, qui est son œuvre, à une puissance idéale, qui est sa conscience elle-même, le Dieu qu'il porte en lui.

Sans cette immuable constance, sans ce culte ardent et passionné du bien public qui fait la grandeur morale du Spartiate, il ne reste plus qu'un tyran. En Thessalie, la domination de l'aristocratie conquérante n'a ni excuse ni prétexte; ceux qui la composent ne sont que des despotes sensuels, adonnés au vin et à la bonne chère (ils avaient déjà cette réputation du temps des Centaures) et affichant un luxe insolent et ruineux pour le peuple qu'ils oppriment. L'existence d'une caste militaire n'a pas plus de raison d'être en Crète, où la situation du pays exclut le danger immédiat et permanent d'une guerre extérieure, et on se demande si le Skolion d'Hybrias n'est pas plutôt une satire que l'aveu brutal d'une usurpation injuste : « J'ai pour richesse ma grande lance, et mon glaive, et mon beau bouclier, rempart de ma chair ; par lui je laboure, par lui je moissonne, par lui j'exprime le doux jus de la vigne, par lui je suis appelé le maître de la Mnoïa. Et ceux qui n'osent pas porter la lance et le beau bouclier, tous, à genoux devant moi, m'honorent comme un maître et m'appellent le grand roi. » C'était donc le caractère spartiate et les institutions destinées à le développer qu'il fallait louer, bien plus que des formes politiques, communes, sauf de légères différences, à toute la race dorienne, mais qui n'ont pas porté partout les mêmes fruits.

A part la sujétion et le servage imposés à l'ancienne population, les Doriens n'avaient guère fait que consacrer par des lois les usages primitifs, communs à toute la Grèce héroïque. La souveraineté avait toujours appartenu au peuple assemblé : les Doriens la réservèrent au peuple conquérant. Les vieillards avaient de tout temps dirigé les délibérations populaires ; à Sparte et en Crète, on confia la direction à un conseil élu par le peuple. Les rois avaient eu, dès l'origine, le commandement des armées et la présidence des assemblées générales et du conseil des anciens ; les Spartiates respectèrent cette vieille coutume, seulement ils rendirent permanent le partage de la royauté pour en diminuer les dangers ; mais ils violèrent l'égalité et enchaînèrent l'avenir en faisant une loi de ce qui n'était auparavant qu'un fait habituel, l'hérédité de la magistrature royale ; il est vrai que le pouvoir des rois, fort restreint dès le commencement, fut peu à peu complétement subordonné à la magistrature élective et populaire des Éphores. En Crète, il n'y avait pas de rois, et la magistrature des Cosmes était élective et annuelle ; mais ils étaient toujours choisis dans certaines familles, et les membres du conseil étaient élus par le peuple parmi ceux qui avaient exercé les fonctions de Cosmes, ce qui constituait un privilége pour la naissance tout aussi bien que la royauté à Sparte. La constitution de ces États, à ne considérer que la caste conquérante, pourrait être appelée une démocratie représentative, puisque le peuple était souverain et qu'il choisissait son sénat et ses magistrats ; mais la division de la population totale en trois classes, le peu d'initiative laissé aux citoyens eux-mêmes dans leurs assemblées générales, enfin l'hérédité de la royauté à Sparte, l'usage de ne choisir les Cosmes et les membres du conseil que dans certaines familles en Crète, doivent plutôt faire considérer ces États comme des aristocraties, surtout si on les compare avec Athènes et la plupart des autres républiques grecques.

Il faut remarquer de plus dans les États doriens un caractère communiste très-prononcé. La Syssitie existait en Crète comme à Sparte, et même sous une forme plus large, puisqu'au lieu d'obliger chaque citoyen à apporter sa part du repas, ou le produit de sa chasse à la table commune, on les nourrissait tous aux frais de l'État. Le partage des terres attribué à Lycurgue était sans doute une mesure économique bien insuffisante pour empêcher l'inégalité des richesses ; mais cette mesure indique du moins les intentions du législateur. La défense de fermer les portes, la permission accordée à chacun de monter sur le premier cheval qu'il rencontrait, d'emprunter pour son usage les domestiques de son voisin, ses chiens de chasse, ses instruments de cuisine et de ménage, et même, si on revenait trop tard de la chasse, d'entrer chez le premier venu en son absence et de manger ce qui s'y trouvait, tout cela fait comprendre comment un philosophe, grand admirateur des Spartiates, a pu, sans étonner personne, présenter le plan d'une république entièrement communiste. On ne saurait être surpris non plus que, dans un pays où la propriété individuelle n'existe que par tolérance, on ait pu, pour habituer les enfants aux nécessités de la vie militaire, les forcer à se procurer par la maraude de quoi préparer leurs repas. Si on les punissait lorsqu'ils se laissaient surprendre, c'était par mesure de discipline et non par respect pour la propriété. Sans admettre la communauté des femmes, les Spartiates s'en rapprochaient singulièrement en permettant à l'homme qui n'avait pas d'enfants de prêter sa femme ou d'emprunter celle d'un autre. Cet usage, que Xénophon rapporte avec une approbation manifeste, explique encore comment Platon a pu songer à absorber la famille dans la cité par la communauté des femmes et des enfants. Un génie moins aventureux aurait peut-être vu un avertissement dans les troubles qui suivirent à Sparte la naissance des Parthénies. Aristote, beaucoup moins enthousiaste des mœurs doriennes, trouve l'éducation des femmes à Sparte très-vicieuse. Les gymnases publics pour les jeunes filles formaient, en effet, un étrange contraste avec la sévère retraite du gynécée à Athènes et dans les autres villes de la Grèce. En général, si la constitution des Spartiates ressemble à celle des autres peuples doriens, leurs mœurs étaient, sur plusieurs points, si différentes de celles du reste des Grecs qu'ils ont dû, pour les conserver, s'interdire les voyages et chercher à éloigner les étrangers de leur pays.

La prépondérance de Sparte sur toute la Grèce lui attira, même à Athènes, l'admiration qui s'attache toujours au succès ; si le roi de Perse avait été vainqueur à Salamine, il se serait peut-être trouvé des théoriciens de la monarchie. Après la guerre du Péloponèse, on chercha dans les institutions de Sparte le secret de sa victoire ; ces institutions paraissaient aristocratiques lorsqu'on les comparait à celles d'Athènes, et ceux qui ne trouvaient pas leur mérite assez apprécié dans un état populaire auraient préféré à cette fougueuse démocratie, qui n'écoutait que ses orateurs, un peuple silencieux et docile, se laissant guider par une aristocratie d'intelligence dont ils auraient naturellement fait partie. Les agitations de la place publique devaient offusquer les goûts paisibles des philosophes, et d'ailleurs l'aristocratie communiste de Sparte ressemblait trop aux institutions de Pythagore pour ne pas séduire Platon. En dehors même des écoles et des systèmes, les grands côtés du caractère spartiate exerçaient aussi sur tous les esprits une séduction profonde et légitime ; les Grecs regardaient la liberté comme le premier bien de la vie, et l'homme est incontestablement plus libre lorsqu'il diminue ses besoins que lorsqu'il multiplie ses plaisirs. Aujourd'hui, au contraire, on n'est pas loin de contester à Sparte le rang que lui assigna l'antiquité tout entière ; l'admiration qu'elle inspire est mêlée d'une certaine répugnance. On a demandé ce que le monde aurait perdu si Sparte n'avait pas existé : le monde aurait perdu un magnifique exemple de force morale. Nous pouvons nous incliner sans regret devant ces hommes d'une autre race et d'un autre âge ; les exemples comme celui-là ne sont pas contagieux. Sparte n'a pas eu de modèle ; ne craignons pas qu'elle ait jamais d'imitateurs ; elle restera un phénomène unique dans l'histoire. Qu'elle repose en paix dans le tombeau des races héroïques, cette sauvage cité qui ne s'est jamais reposée de son vivant !

CHAPITRE VIII

DE LA VIE POLITIQUE DANS LES CITÉS GRECQUES. THÉOGNIS.

Abolition de la royauté dans les cités grecques. — Dissensions politiques. — Allusions de Théognis aux troubles de Mégare. Son exil et ses colères Ses opinions sur la nature humaine. Ses erreurs. Caractère mélancolique de sa poésie et de celle de Mimnerme. — Doutes et découragement de Théognis devant le spectacle du mal sur la terre. Ses retours à l'énergie : hymne à l'espérance et éloges de la force morale.

Le siècle qui se termina par les guerres médiques fut peut-être aussi fécond en poëtes que les siècles précédents. La tradition épique fut reprise, après Homère et les cycliques, par Antimaque, Panyasis, Chœrilos, Asios, par Pisandre, que Virgile, selon Macrobe, imita presque vers pour vers au second livre de l'*Énéide*; par Onomacrite, qui, outre un poëme dionysiaque, composa, dit-on, des poésies sous le nom d'Orphée. Les poëmes d'Hésiode servirent de modèle à la poésie didactique et morale des âges suivants. Jusqu'à l'époque où des relations suivies avec l'Égypte répandirent en Grèce l'usage du papyrus, on écrivit peu, et la forme rhythmée fut nécessaire pour fixer les idées dans la mémoire ; la science et la morale se servaient de cette forme. Entre Hésiode et les premiers philosophes, la transition est insensible : les poëmes d'Empédocle, de Parménide, d'Épiménide, paraissent avoir été composés sur le modèle de la Théogonie ; au poëme des Travaux se rattache la poésie gnomique de Phocylide, de Solon, de Théognis. D'autres, comme Simonide, Mimnerme, Tyrtée, Callinos, peuvent servir de transition entre les gnomiques et les lyriques, tels qu'Archiloque, Stésichore, Alcman, Alcée, Sappho, Anacréon, Ibycos, Bacchylide, Callistrate, etc. Mais cette époque, qui devait être une des plus brillantes de l'histoire littéraire, si on s'en rapporte au témoignage des anciens et aux courts fragments qui nous restent, est peut-être celle qui a le plus souffert de la négligence impie des siècles barbares.

Nous avons, il est vrai, un petit poëme qui porte le nom de Phocylide, et qui, par sa forme sentencieuse et son caractère moral, se rapproche des Travaux et Jours d'Hésiode ; la fausse Sibylle en a copié un assez long passage, en retranchant cinq vers, les plus remarquables du poëme, mais qui portent le cachet du polythéisme : « Les Dieux du ciel vivent sans jalousie ; la lune n'envie pas les rayons bien plus brillants du soleil, ni la terre les hauteurs célestes qui la dominent; les fleuves n'envient pas la mer, mais partout la concorde règne; car, si la discorde pénétrait chez les heureux, le pôle serait ébranlé. » Ce passage empêche d'attribuer le poëme à quelque auteur juif ou gnostique; mais on ne peut pas davantage l'attribuer à l'ancien Phocylide; on y voit généralement une œuvre de l'école pythagoricienne. Nous n'avons donc pas à nous en occuper, non plus que des *vers dorés* qui portent le nom de Pythagore, ni du petit poëme de Naumachios, dont on ignore la date, mais qui trahit l'influence des idées philosophiques de la dernière époque. Tout ce qui a survécu de cette immense chaîne poétique qui reliait Pindare à Hésiode et à Homère tiendrait en quelques pages dont les poésies de Théognis formeraient la plus grande partie. Ces poésies sont écrites dans le rhythme élégiaque composé d'un hexamètre et d'un pentamètre, rhythme employé aussi dans les fragments de Tyrtée, de Mimnerme, de Solon et de l'ancien Phocylide. Elles ne forment ni un poëme ni une suite de compositions arrêtées; c'est un recueil de pensées détachées, de sentences, d'observations morales, et surtout d'allusions à la vie et au rôle personnel du poëte au milieu des factions qui divisaient sa patrie.

Théognis nous apprend lui-même qu'il était de Mégare, mais il y avait plusieurs villes doriennes de ce nom, une en Sicile, plus souvent appelée Hybla, une autre dans l'isthme de Corinthe. Platon, au livre Ier des Lois, dit que Théognis était Sicilien, mais Harpocration oppose à ce témoignage celui du poëte lui-même : « Je suis allé jadis dans la terre de Sicile ; je suis allé dans les champs de l'Eubée, couverts de vignes, à Sparte, la belle ville de l'Eurotas bordé de roseaux. Partout à mon arrivée on m'accueillit avec bienveillance, mais je n'en ressentais aucune joie dans mon cœur, car il n'y a rien d'aussi cher que la patrie. » (Vers 783.) Une allusion faite ailleurs à la crainte d'une guerre médique et à la citadelle d'Alcathoos, dont parle Pausanias (Attic. 42), prouve encore que Théognis était de la Mégare de Grèce et non de celle de Sicile : « Prince Phoibos, c'est toi qui as élevé les tours de l'Acropole ; c'est un don que tu as fait à Alcathoos, fils de Pélops ; écarte donc de cette ville l'armée violente des Mèdes, afin que les peuples, dans la joie au retour du printemps, t'envoient d'illustres hécatombes, aux sons joyeux de la cithare, dans les fêtes aimées, parmi les chœurs chantant le Pæan autour de ton autel. » (773.) Un commentaire serait souvent fort utile pour comprendre la partie politique des poésies de Théognis ; mais ces dissensions civiles qui remplissent, sauf de rares interruptions, l'histoire intérieure de la plupart des cités grecques, durent avoir à peu près dans toutes le même caractère, et l'histoire d'Athènes, plus connue que celle de Mégare.

peut servir à expliquer dans leur ensemble les allusions politiques du poëte mégarien.

Ces agitations paraissent avoir commencé peu de temps après l'invasion dorienne, et avoir eu pour premier acte l'abolition de la royauté dans toutes les républiques, excepté à Sparte. Quelquefois, à Athènes, par exemple, ce changement de forme se fit d'une manière successive; en général, il passa presque inaperçu; les royautés héroïques étaient si peu de chose qu'on remarque à peine leur disparition. On ignore même le plus souvent à quelle occasion et à quelle date précise eut lieu cette transformation, dont la véritable cause doit être cherchée dans le caractère des Grecs, dans leur morale et dans leur religion. Les formes politiques ne sont que l'application des conceptions religieuses, et le polythéisme correspond aussi naturellement à la république que le panthéisme au régime des castes et le monothéisme à la monarchie. Si cette relation est quelquefois peu apparente au premier abord chez les peuples modernes dont la vie morale est très-complexe, comme leurs langues, on la découvre sans peine chez les peuples anciens, et en particulier chez ceux dont on connaît le mieux l'histoire, les Hébreux et les Grecs. Ces deux peuples suivent une marche inverse. Après l'époque où il n'y avait pas de rois en Israël, et où, selon l'expression du livre des Juges, chacun faisait ce qui lui semblait à propos, on voit les Hébreux forcer Samuel à leur donner un roi, à peu près vers le même temps où les Athéniens prenaient le prétexte du dévouement de Codros pour abolir la royauté. Il peut y avoir dans l'enfance des peuples une suite plus ou moins longue de tâtonnements et d'essais, mais chacun finit par s'arrêter à une forme sociale déduite logiquement des principes moraux qui le dirigent.

A une époque où la décadence politique de la Grèce commençait déjà, Aristote ne faisait que résumer les opinions de ses concitoyens lorsqu'il disait : « Il ne paraît pas conforme à la nature qu'un homme soit le maître de tous les citoyens, puisque la cité consiste en une réunion d'égaux. Les citoyens étant égaux par nature, il est nécessaire et conforme à la nature qu'ils aient le même droit et la même dignité. — Selon la justice, ils ne doivent pas plus obéir que commander, ils doivent commander et obéir chacun pour sa part. C'est ce qui constitue la loi, et la loi, c'est l'ordre. Le gouvernement de la loi est donc préférable à celui d'un des citoyens. » (Polit. III, 16.) Il explique ensuite le caractère abstrait et universel de la loi, qui l'élève au-dessus des passions et des intérêts, mais qui ne lui permet de s'appliquer à chaque cas particulier que par le ministère d'une magistrature; seulement cette magistrature doit être remplie par plusieurs et non par un seul.

fût-il supposé vertueux, « parce que, dit-il, deux honnêtes gens valent mieux qu'un honnête homme. » Il montre ailleurs la supériorité d'une foule sur un homme, quel qu'il soit : « Chacun en particulier peut lui être inférieur, mais la cité est la réunion de tous, et un repas à frais communs est meilleur qu'une table particulière ; ainsi le jugement de la foule vaut mieux que celui de n'importe quel particulier. En outre, elle est plus difficile à corrompre ; comme l'eau, lorsqu'elle est abondante, la multitude échappe mieux à la corruption que le petit nombre. » (Polit. III, 15.)

Aristote, hôte de Philippe et précepteur d'Alexandre, ne pouvait pas convenablement émettre en son nom de pareilles idées ; il se contente d'exposer les arguments des adversaires de la monarchie ; l'un des principaux est tiré des dangers de l'hérédité, généralement attachée au pouvoir royal : « En supposant, dit-il, qu'il fût avantageux pour un État d'être gouverné par des rois, que fera-t-on de leurs fils ? Faudra-t-il qu'ils règnent aussi ? Mais, s'ils sont tels qu'il arrive souvent, cela sera funeste. Dira-t-on que le roi ne laisserait pas son pouvoir à ses fils lorsqu'il le pourrait ? Il est difficile de le croire, car une telle vertu serait au-dessus de la nature humaine, etc. » On voit par ces citations du plus impartial et du moins passionné des philosophes combien la monarchie était antipathique aux mœurs des Grecs.

lui semblait à propos, on voit les Hébreux forcer Samuel à leur donner un roi, à peu près vers le même temps où les Athéniens prenaient le prétexte du dévouement de Codros pour abolir la royauté. Il peut y avoir dans l'enfance des peuples une suite plus ou moins longue de tâtonnements et d'essais, mais chacun finit par s'arrêter à une forme sociale déduite logiquement des principes moraux qui le dirigent.

A une époque où la décadence politique de la Grèce commençait déjà, Aristote ne faisait que résumer les opinions de ses concitoyens lorsqu'il disait : « Il ne paraît pas conforme à la nature qu'un homme soit le maître de tous les citoyens, puisque la cité consiste en une réunion d'égaux. Les citoyens étant égaux par nature, il est nécessaire et conforme à la nature qu'ils aient le même droit et la même dignité. — Selon la justice, ils ne doivent pas plus obéir que commander, ils doivent commander et obéir chacun pour sa part. C'est ce qui constitue la loi, et la loi, c'est l'ordre. Le gouvernement de la loi est donc préférable à celui d'un des citoyens. » (Polit. III, 16.) Il explique ensuite le caractère abstrait et universel de la loi, qui l'élève au-dessus des passions et des intérêts, mais qui ne lui permet de s'appliquer à chaque cas particulier que par le ministère d'une magistrature ; seulement cette magistrature doit être remplie par plusieurs et non par un seul.

Ces principes, qui du temps d'Aristote trouvaient peut-être déjà quelques contradicteurs, n'auraient été dans les siècles précédents que l'expression des sentiments unanimes de la nation. Mais la pratique avait, comme toujours, devancé la théorie; longtemps avant de raisonner leur répugnance contre la royauté, les Grecs l'avaient repoussée, quoique chez eux la royauté n'eût rien de commun que le nom avec les monarchies orientales ; mais c'en était assez pour blesser la dignité des Grecs en les assimilant aux barbares.

Si cette révolution n'eut pas par elle-même l'importance qu'on serait tenté de lui attribuer d'abord, elle en eut beaucoup par ses conséquences indirectes. Partout deux partis politiques se trouvèrent en présence. Dans les États doriens autres que Sparte, la conquête n'avait pas amené une transformation sociale durable. Les vainqueurs restèrent moins complétement séparés des vaincus, et ceux-ci se relevèrent peu à peu. Il en résulta une suite de dissensions, des émigrations nouvelles, des luttes fréquentes entre l'aristocratie et le peuple, entre les riches et les pauvres. Théognis fait souvent allusion aux dissensions qui agitaient Mégare : « Je suis saisi de crainte en voyant chez les Hellènes la folle dissension qui ruine les peuples. Mais toi, Phoïbos, sois-nous propice, et veille sur notre cité. » (780.) Il dit ailleurs : « Les citoyens sont encore sages, mais les chefs sont en voie de tomber dans le mal. Jamais, ô Kyrnos, les bons n'ont perdu une république. Mais, quand il plaît aux méchants de se livrer à la violence, quand ils corrompent le peuple et donnent raison à l'injustice pour leur intérêt propre et pour augmenter leur pouvoir, sois sûr que la république ne sera pas longtemps en repos, quand même elle semblerait jouir encore d'un grand calme. Lorsque les hommes méchants cherchent leur intérêt dans le mal du peuple, alors naissent la dissension et la guerre. Puisse cette république ne jamais accepter un maître ! » (40.)

Le parti qui l'emportait dans ces luttes civiles ne profitait pas toujours de sa victoire ; il se laissait souvent dominer par quelque chef ambitieux et adroit qui usurpait l'autorité, et qu'on nommait un *tyran*. La plupart des républiques grecques traversèrent ainsi des périodes de tyrannie. Théognis exprime souvent la crainte d'une usurpation de ce genre : « Kyrnos, cette république est enceinte, et je crains qu'elle n'enfante bientôt un homme violent, chef de la funeste sédition. » (1081.) Il paraît que ces craintes n'étaient pas sans fondement, car il s'écrie ailleurs : « Les bons sont en exil, les méchants gouvernent ; que Zeus détruise la race des Kypselos ! » (889.) Ce Kypselos était tyran de Corinthe, et non de Mégare, et son nom ne désigne ici que la tyrannie en général. Théognis excite souvent les citoyens à renverser la tyrannie qu'ils n'ont pas su prévenir : « Renverse, par les moyens que tu voudras, le tyran mangeur de peuple ; tu n'as rien à craindre de la justice des Dieux. » (1181.) D'autres vers paraissent adressés au tyran lui-même : « Écrase, foule sous tes pieds ce peuple stupide, frappe-le d'un aiguillon aigu, mets-lui un dur joug sur le cou ; car, parmi tous les hommes que le soleil regarde, tu ne trouveras pas un peuple qui aime autant la servitude. » (846.)

Cette haine du despotisme n'indique pas clairement à quel parti politique appartenait Théognis, mais il est probable qu'il était attaché à une faction aristocratique. Lorsqu'il oppose les bons aux méchants, il emploie ces mots, tantôt dans leur sens propre, tantôt dans celui de riches et de pauvres ; lorsqu'il dit que des hommes qui autrefois étaient vêtus de peaux de bêtes et paissaient comme des cerfs hors de la ville, sont devenus les bons, et que les bons sont devenus mauvais, c'est plutôt, à ce qu'il semble, une allusion à quelque victoire politique des paysans, qu'un souvenir lointain de la conquête dorienne. On sait que dans toutes les villes grecques la faction aristocratique s'intitulait volontiers le parti des honnêtes gens ; on retrouve dans Xénophon la même confusion de termes. Cependant Théognis se plaint souvent que les bons soient pauvres et que les méchants soient riches, et cette opinion, plus commune parmi les pauvres que parmi les riches, donnerait à penser qu'il appartenait au parti populaire ; mais elle a pu se présenter à son esprit pendant son exil et après qu'il a été dépouillé de ses biens. Au reste, dans ces dissensions civiles des républiques, il pouvait arriver que le droit fût des deux côtés : la morale sociale des Grecs poursuivait un double but, l'autonomie et l'isonomie ; les uns, préoccupés de l'égalité, s'opposaient aux empiétements des riches, les autres redoutaient que la faveur populaire ne sacrifiât la liberté à un tyran. Cette résistance à la tyrannie est l'excuse des aristocraties grecques devant l'histoire ; elles étaient nécessaires partout où le peuple n'avait pas la pleine conscience de ses devoirs et de ses droits. Plus nombreux, mais moins fortement constitué que ses adversaires, le parti populaire se laissait plus facilement tromper par ses chefs, et sa victoire amenait plus souvent une usurpation.

Les révolutions qui apparaissent de loin à l'historien impartial comme des luttes de principes, ne sont souvent, aux yeux des contemporains, que des querelles d'intérêts ; chaque parti se croit seul dirigé par la justice et ne voit chez ses adversaires que des passions. Théognis ne ménage pas ses ennemis. Quelques-uns de ses vers semblent écrits sous la première impression de la colère que lui cause son exil et la défaite de son parti : « O malheureux ! les maux que je souffre sont la joie de mes ennemis et le désespoir de mes amis. (1107.) Que Zeus m'accorde de faire du bien à ceux qui m'aiment et de l'emporter sur mes ennemis. Je me croirais un Dieu parmi les hommes si je pouvais faire justice avant l'heure fatale de la mort. Mais, ô Zeus olympien, accomplis ma prière, envoie-moi quelques biens après tant de maux. J'aime mieux mourir, si je ne dois pas trouver la fin de mes peines, et si tu ajoutes toujours les douleurs aux douleurs. Telle est ma destinée, et je ne vois pas la punition de ceux qui possèdent mes biens, qu'ils m'ont ravis par la violence. Et moi, comme un chien, j'ai passé le torrent, dépouillé de tout dans les eaux gonflées du fleuve. Puissé-je boire leur sang noir, et voir enfin un bon démon qui accomplisse mes vœux! (337.) Alors puisse tomber sur moi le grand large ciel d'airain, la terreur des hommes d'autrefois, si je ne fais du bien à ceux qui m'aiment, et si je n'apporte à mes ennemis le désespoir et la ruine! » (870.) Cette soif de représailles ne peut s'excuser que par la colère de la défaite et le souvenir récent des maux soufferts ; mais Théognis n'a plus besoin d'excuse lorsqu'il dit : « Jamais je ne porterai sur le cou le dur joug de mes ennemis, quand même je verrais le Tmolos prêt à me tomber sur la tête. » (1023.) C'est le mot d'Horace : *Impavidum ferient ruinæ*.

Aigri par ses malheurs, Théognis voit la nature humaine sous un jour assez défavorable : « L'honneur est mort, l'insolence et l'injure ont vaincu la justice et règnent sur toute la terre. (291.) Parmi tous les hommes que le soleil regarde, il n'y a pas un homme vertueux et accompli. (615.) Chacun honore le riche et méprise le pauvre; l'esprit des hommes est partout le même. (621.) Nul n'est l'ami de celui que le malheur a frappé, fût-il né de la même mère. (299.) L'exilé n'a pas d'ami ni de compagnon fidèle; c'est là ce qu'il y a de plus dur dans l'exil. (209.) Les amis sont nombreux autour de la coupe pleine, mais ils sont rares quand on a besoin d'eux. » (643.) Ce dégoût des hommes le pousse quelquefois lui-même hors des limites de la justice, comme lorsqu'il dit: « Castor et Polydeukès, qui habitez dans la divine Lacédémone, près de l'Eurotas au beau cours, si je veux faire du mal à un ami, que ce soit à moi qu'il en arrive; mais si c'est lui qui veut m'en faire, qu'il lui en arrive deux fois autant. » (1087.) Ce souhait fait une plus large part à la vengeance qu'à la justice. En général, on ne trouve dans les poésies de Théognis ni l'enthousiasme de dévouement qu'on admire dans les fragments de Tyrtée, ni l'élévation idéale d'Homère, ni la sagesse pratique d'Hésiode. Il parle trop souvent de sa pauvreté; si Homère et Tyrtée étaient pauvres, il est probable qu'ils n'y songeaient guère. Hésiode ne nous énumère les dangers de la pauvreté que pour nous engager à les éviter par le travail. Théognis, qui appartenait à l'aristocratie, se plaint d'être pauvre, mais peut-être n'a-t-il jamais essayé de travailler, ou ne l'a-t-il fait qu'avec répugnance.

On regrette encore plus de trouver parmi les poésies de Théognis quelques passages érotiques que, sans le témoignage d'Athénée, on chercherait à attribuer à quelque homonyme. Plutarque cite aussi deux vers de Solon, que, pour la mémoire de ce grand homme, on voudrait pouvoir regarder comme apocryphes. C'est à cette époque qu'apparaît pour la première fois cette confusion entre l'amour et l'amitié, dont on ne trouve de traces ni dans Homère ni dans Hésiode, et qui rend si choquante la lecture de quelques dialogues de Platon et de quelques idylles de Théocrite. Il est pénible d'avoir à rappeler le seul reproche sérieux qu'on puisse faire à la Grèce, quoique ce reproche ait aussi été adressé à d'autres peuples, par exemple, aux Celtes par Aristote, et, de nos jours, à la plupart des nations orientales. Chez les Grecs, ce fut un des fruits de la conquête dorienne, une invention crétoise, selon Timée. On a voulu l'expliquer, après Ennius, par l'abus des gymnases; il y a une autre explication qu'il est de toute justice de présenter, c'est l'extrême chasteté des femmes, toujours retirées dans le gynécée. Il y eut, il est vrai, des courtisanes à Corinthe, et en général dans les villes maritimes, quoiqu'à Athènes des femmes étrangères ou esclaves descendissent seules à cette condition. Mais, dans les civilisations modernes, à côté des courtisanes, on trouve un double fléau, la séduction et l'adultère. Les Grecs voulurent s'en préserver ; tout fut sacrifié à la chasteté conjugale, seule garantie de la pureté des races : on proscrivit l'amour et on exalta l'amitié. Malheureusement ces efforts pour sauver la pureté d'un sexe amenèrent la dépravation de l'autre. Mais, en condamnant les Grecs lorsqu'ils outragent les lois divines, il faut nous garder de trop d'indulgence pour d'autres peuples qui, trouvant la chasteté placée si haut dans la morale chrétienne, n'en ont pas moins fait de la séduction un art, et du mariage, base sacrée de la famille, un objet de continuelles railleries. L'adultère, si rare en Grèce, à peine mentionné dans les plus licencieuses comédies d'Aristophane, est devenu un thème inépuisable pour la littérature moderne, pour celle surtout qui prétend offrir la peinture réelle des mœurs. Si la Grèce a ses crimes sur la conscience comme tous les autres peuples, que celui chez qui la chasteté est observée par les deux sexes lui jette la première pierre.

Quelques-uns des vers de Théognis sont évidemment mis dans la bouche d'une femme, car le féminin y est employé à la première personne. Peut-être aussi sont-ils l'œuvre de quelque femme poëte, car dans les poésies de cette époque il y a une grande incertitude sur les noms. Les mêmes vers sont souvent attribués à Théognis, à Solon ou à Mimnerme. Souvent aussi on retrouve la même pensée avec de légères différences d'expression. Le passage suivant est cité sous le nom de Mimnerme et sous celui de Théognis : « La sueur coule sur toute ma chair ; je suis frappé de stupeur quand je songe à cette fleur de l'adolescence : comme elle est charmante et belle, et que ne dure-t-elle plus longtemps ! Mais elle est rapide comme un songe, la jeunesse bénie, et déjà, funeste et hideuse, la vieillesse est suspendue sur nos têtes. » Presque tous les courts fragments qui nous restent de Mimnerme ont ce caractère de profonde mélancolie. Ce sentiment d'ailleurs apparaît plus d'une fois chez Homère, à qui aucun sentiment humain n'est étranger ; mais, dans la période inquiète et troublée de l'enfantement laborieux des républiques, on le trouve, en dehors même de la poésie, dans plusieurs traditions plus ou moins historiques, dans la légende d'Adraste et d'Atys, racontée au début de l'histoire d'Hérodote ; dans le discours que cet historien fait adresser à Crœsus par Solon ; dans la belle et poétique légende de Cléobis et de Biton, ces deux frères qui, après avoir traîné le char de leur mère au temple d'Hèrè, reçurent de la Déesse un sommeil éternel pour récompense de leur piété filiale.

On voit poindre dans Théognis les premiers doutes de la philosophie, en présence de l'opposition qui semble exister entre l'idée de la justice divine et le spectacle du mal. La beauté du monde révèle des lois d'ordre et d'harmonie ; comment donc expliquer la douleur? Pourquoi y a-t-il des vipères et des herbes vénéneuses? La moralité divine n'est pas moins difficile à concilier avec les événements humains. Théognis s'étonne et s'inquiète de voir les fils punis pour les crimes des pères (731), et aussi de voir le bonheur des méchants et le malheur des justes : « Et ceci, roi des immortels, comment est-ce juste, qu'un homme qui s'abstient des actions injustes, qui ne viole pas le droit, qui ne fait pas de faux serment, mais qui vit selon la justice, ne soit pas traité selon la justice? Qui donc, en voyant cela, peut encore vénérer les immortels? Et que peut-on penser lorsqu'un homme injuste et impie, qui ne craint la colère ni des hommes ni des Dieux, vit dans l'abondance, pendant que les justes sont écrasés sous le poids de la dure pauvreté? » (742.) Cette contradiction a toujours troublé la pensée humaine. Ce n'est pas seulement pour les Grecs que le mal est un terrible problème. La même plainte s'élève vers le ciel dans toutes les langues : « Il y a des justes à qui il arrive selon les œuvres des impies, et des impies à qui il arrive selon les œuvres des justes, » dit l'Ecclésiaste, et il ajoute : « J'ai dit que cela même était une vanité, et j'ai loué la joie, disant qu'il n'y avait de bon pour l'homme sous le soleil que de manger et de boire et de se réjouir, et qu'il n'y avait pas pour lui autre chose dans les jours de sa vie, parmi les fatigues que Dieu lui a imposées sous le soleil. » (VIII, 14.)

Cette pensée revient souvent chez le philosophe hébreu, surtout en présence de la brièveté de la vie et de l'incertitude de l'avenir : « Tout va au même lieu; tout est sorti de la poussière, tout retourne à la poussière. Qui sait si l'esprit des fils d'Adam s'élève en haut, et si l'esprit des bêtes descend sous la terre? Et j'ai vu qu'il n'y a de bon pour l'homme que de se réjouir dans ses œuvres, et qui lui apprendra à savoir ce qui sera après lui? » (III, 20.) Théognis dit de même : « Voici le conseil que je donnerai à tous les hommes : tant que durent la fleur agréable de la jeunesse et la santé du cœur, qu'on jouisse en paix des biens qu'on possède, car les Dieux n'ont pas donné aux hommes mortels d'avoir deux jeunesses et d'échapper à la mort; mais la mauvaise et funeste vieillesse les pousse en avant et les saisit par la tête. » (1007.) Jouis de la jeunesse, mon cœur, car bientôt il y aura d'autres hommes, et moi je m'en irai et je ne serai qu'une terre noire. » (877.) On pourrait faire bien d'autres rapprochements entre l'Ecclésiaste et les sentences de Théognis : « J'ai félicité les morts plus que les vivants, et j'ai préféré aux uns et aux autres celui qui n'a pas encore été, et qui n'a pas vu les œuvres mauvaises qui sont sous le soleil. » (IV, 2.) Théognis dit en deux distiques dont les hexamètres ont été attribués à Homère : « Ce qui vaut le mieux pour les habitants de la terre, c'est de ne pas naître (et de ne pas voir les rayons de l'éclatant soleil); mais lorsqu'on est né, de franchir au plus tôt les portes de l'Invisible (et de dormir couché sous la terre). » (425.) La forme a généralement plus d'ampleur dans l'Ecclésiaste que dans Théognis; mais la pensée est la même. Ni d'un côté ni de l'autre on ne peut supposer un emprunt; il faut se borner à constater dans deux races différentes les mêmes défaillances.

Mais l'homme ne peut s'endormir dans l'inertie du désespoir; le plus découragé des poëtes grecs se redresse par un effort inattendu et chante un hymne à l'espérance : « L'Espérance est la seule bonne Déesse qui reste parmi les hommes; les autres Dieux nous ont abandonnés et sont remontés vers l'Olympe. La Bonne Foi est partie, la grande Déesse; la Sagesse s'est éloignée des hommes; les Charites, ô mon ami, ont quitté la terre. Il n'y a plus de justice ni de serments fidèles, et nul ne respecte les Dieux immortels; la race des hommes pieux a disparu, ou ne connaît plus la loi et la piété. Mais, tant que nous vivons et que nous voyons la lumière du soleil, honorons les Dieux et attendons l'Espérance; prions les Dieux, brûlons les cuisses grasses des victimes, et que l'Espérance reçoive nos derniers et nos premiers sacrifices. » (1134.) Après avoir demandé hardiment des explications à Zeus (373), Théognis finit par reconnaître que l'adversité n'est qu'une épreuve qui distingue le brave du lâche, et que l'homme doit supporter courageusement sa destinée : « C'est dans la pauvreté que se montrent le faible et le fort; c'est lorsqu'ils sont saisis par la misère. Tel a des pensées injustes, et son esprit ne sait user ni des maux ni des biens; le brave doit résister aux uns et user dignement des autres. (393.) Kyrnos, la pensée de l'homme vertueux est toujours inébranlable; il est également fort dans l'adversité et dans le bonheur. (320.) Supporte l'adversité, Kyrnos, comme tu t'es réjoui dans le bonheur; tes maux aussi sont un présent de la destinée; et comme du bonheur tu es tombé dans le malheur, ainsi maintenant cherche à te tirer du mal en demandant le secours des Dieux. (355.) Il faut accepter ce que les Dieux donnent aux mortels, et supporter son sort, quel qu'il soit, sans se désoler des maux et sans se réjouir du bonheur avant d'avoir vu la fin. (591.) Nul n'est pleinement heureux. Mais le brave supporte ses maux et ne laisse même pas voir sa douleur. Le lâche ne sait supporter ni les maux ni les biens. (441.) Je ne puis, ô mon cœur, te fournir tout ce qui te convient : sois fort; tu n'es pas seul à aimer le bonheur. (695.) Supporte tes maux, mon cœur, quoique les souffrances soient inouïes : c'est le cœur des lâches qui se rétrécit. Ne va pas augmenter la douleur de ta défaite par la colère et les plaintes, et affliger tes amis et réjouir tes ennemis. Les dons fatals des Dieux ne peuvent être évités par un homme mortel, ni s'il plongeait dans l'abîme de la mer pourprée, ni lorsqu'il est entré dans le Tartare brumeux. » (1029.)

Ces pensées semblent une expression anticipée de la morale stoïcienne. L'actif et puissant génie de la Grèce trouve toujours la force de lutter contre le monde extérieur. C'est la lutte qui grandit l'homme; c'est par elle qu'il domine et transforme quelquefois sa destinée. Rien ne contribua plus que les agitations permanentes de la vie politique à développer chez les Grecs cette vertu de résistance. Sans doute ces agitations n'étaient pas sans dangers : elles entraînaient souvent des usurpations, des tyrannies et l'exil des vaincus. Bien des peuples n'auraient pas survécu à de pareilles épreuves; mais ce qui eût été mortel pour d'autres faisait vivre celui-là. La trempe, qui réduirait le verre en poussière, donne la souplesse et la force à l'acier. Les exercices violents sont dangereux pour les vieillards et les races étiolées; ils entretiennent l'activité de la vie organique dans les natures puissantes et saines. L'énergie native de la race hellénique s'y retrempait chaque jour, comme Antée renouvelait ses forces en touchant la terre. Jamais ni les guerres extérieures ni les dissensions civiles n'entravèrent en Grèce le libre développement du génie. Théognis et Solon prirent une part active aux querelles des factions politiques de Mégare et d'Athènes; Alcée composa un grand nombre de vers contre la tyrannie, et fut exilé, dit-on, ainsi que Sappho, à la suite d'une conspiration contre Pittacos ; Æschyle combattit à Marathon. L'art ne trouva jamais en Grèce ce calme et ce repos qui ailleurs semblent nécessaires à son existence. La période la plus lumineuse de son histoire correspond à des siècles de désastres et d'anarchie, à l'invasion des Mèdes, à la longue et sanglante guerre du Péloponèse. Il en est ainsi de ces plantes qui, loin de leur patrie, ne peuvent fleurir que dans une serre chaude, à l'abri du vent et de la pluie, tandis que sur leur rocher natal elles bravaient les orages et les tempêtes.

CHAPITRE IX

SOLON POETE ET LÉGISLATEUR. LA DÉMOCRATIE D'ATHÈNES.
CONCLUSIONS.

Traditions des Athéniens sur l'origine de leur législation. — Factions politiques à Athènes.—Médiation de Solon. — Caractères généraux de ses lois politiques. — Lois civiles; le mariage et la famille. Éducation des enfants et serment des Éphèbes. Loi contre la paresse. — Les Pisistratides. — Réforme de Clisthènes. — Les étrangers et les esclaves. Ce qu'était la servitude à Athènes. Affranchissement. — L'ostracisme. — Les complots oligarchiques. — Attachement des Athéniens à leurs traditions; leurs luttes pour le maintien de la démocratie; leur caractère. — L'art à Athènes. — Athènes est un résumé de toute la Grèce. — Application des principes de la morale grecque à l'histoire des guerres médiques. — Titres de la Grèce à la reconnaissance de l'humanité.

L'histoire rapporte à Solon la législation politique et civile des Athéniens; mais la légende en recule bien plus loin les origines : c'est la Terre elle-même, Dèmèter Thesmophore, la grande Déesse législatrice, qui initie les peuples de l'Attique au culte des Dieux et des lois en même temps qu'à l'agriculture. Le sanctuaire d'Éleusis prétendait avoir conservé trois de ces lois primitives, attribuées à Triptolème :
« Honorer les parents; — offrir aux Dieux des fruits;

— ne pas faire de mal aux animaux. » C'est la Déesse éponyme d'Athènes, Athéné, qui institue l'Aréopage, le tribunal le plus ancien et le plus respecté de la Grèce, devant lequel des Dieux même ont comparu. C'est Cécrops, l'ancêtre mythique de la race autochthone, qui établit le mariage, la plus ancienne de toutes les institutions sociales, la base de la famille. C'est Thésée, le fondateur de la cité, qui établit la démocratie, et porte, dès le début de l'histoire d'Athènes, cette grande loi que plus tard les plus civilisés des peuples modernes mettront des siècles à découvrir : « Le droit est égal pour tous, πᾶσι τὰ ἴσα εἶναι. » Ces traditions annoncent un peuple préoccupé, dès l'origine, de l'idée de la loi, de la justice, de l'ordre dans l'égalité, c'est-à-dire un peuple éminemment politique, car la justice est la vertu sociale par excellence, et, comme le dit Théognis, un résumé de toutes les vertus. L'histoire intérieure d'Athènes n'est qu'une suite de luttes et d'efforts continus pour réaliser la société la plus conforme possible à la justice.

Dans la légende de Thésée, il est difficile de distinguer le mythe de l'histoire ; mais Solon appartient plus encore que Lycurgue à la période historique. Ils apparaissent dans des circonstances semblables : à Athènes comme à Sparte, la loi est appelée comme un remède suprême aux maux du peuple. On a voulu pousser plus loin l'analogie ; on a cru voir des conquérants dans ces émigrés du Péloponèse accueillis en Attique après l'invasion dorienne. Mais les témoignages des anciens ne paraissent pas autoriser cette opinion. Les Athéniens ont toujours été regardés comme autochthones ; ils se vantaient de n'avoir jamais subi d'invasion ni de conquête. L'Attique offrit plusieurs fois un asile à des réfugiés ; mais on expulsa les Pélasges lorsqu'ils devinrent insolents, et on envoya les Ioniens ou une partie d'entre eux fonder une colonie lorsque la population devint trop nombreuse. Rien ne prouve que la période des archontes à vie et des archontes décennaux ait été une époque d'oppression. Une aristocratie ne peut exister sans esclavage, et on sait par Hérodote qu'à l'époque de l'expulsion des Pélasges il n'y avait pas encore eu d'esclaves en Attique. Ce n'est qu'au temps de Solon qu'on voit des citoyens pauvres obligés d'engager leurs champs, puis de se mettre eux-mêmes au service de leurs créanciers, et même de vendre leurs femmes et leurs enfants. C'est donc dans l'intervalle que s'était formée, par des empiétements successifs cette oligarchie très-immodérée dont parle Aristote, et qui avait réduit les Thètes, ou travailleurs, à une condition que Denys d'Halicarnasse rapproche de celle des plébéiens de Rome.

Des factions politiques divisèrent alors Athènes, comme la plupart des villes de la Grèce : les montagnards, que Diogène Laerce appelle les habitants de la ville, représentaient la démocratie ; ceux de la plaine, l'aristocratie ; ceux du rivage, un parti moyen qui contenait les deux autres. On espéra sortir de ces agitations par une législation positive ; mais l'extrême sévérité des lois de Dracon les rendit inutiles, et les troubles recommencèrent, et prirent, selon Plutarque, le caractère d'une lutte sociale. Il reste un fragment intéressant des poésies de Solon, qui se rapporte à l'oppression exercée par les riches sur les pauvres : « Notre république ne sera pas détruite par la destinée de Zeus (αἶσα) et la volonté des immortels Dieux heureux, car une magnanime gardienne, fille d'un père puissant, Pallas Athènaiè, la protége : mais ce sont des citoyens qui, fiers de leurs richesses, veulent perdre la grande cité par leur folie ; c'est l'injustice des chefs du peuple, qui se préparent bien des malheurs par leur grande violence, car ils ne savent pas modérer leur avidité et user de leur bonheur présent dans le repos de l'abondance (ici une lacune).... et ils s'enrichissent par des actions injustes (autre lacune).... et, n'épargnant ni les biens sacrés ni les biens du peuple, ils volent et pillent de tous les côtés, et ils ne respectent pas les saintes lois de la justice. Mais elle, silencieuse, sachant le passé et l'avenir, vient tout venger en son temps. C'est pourquoi un ulcère incurable envahit toute la cité, elle tombe tout à coup dans la dure servitude, qui réveille la dissension intestine et la guerre endormie... »

Solon énumère ensuite les maux de la guerre, et conseille aux Athéniens de les éviter par de bonnes lois, qui mettront un terme à la *satiété*, c'est-à-dire à l'excès des richesses, source de l'injustice et de la violence.

Les Athéniens n'étaient pas d'humeur à supporter longtemps l'oppression; le mal étant arrivé à son comble, on en chercha le remède, et Solon, investi d'une autorité indéfinie par la confiance de tous les partis, leur servit de médiateur. Il annula les hypothèques et abolit les dettes, ou les réduisit considérablement, au moyen d'une combinaison financière qu'on nomma *Seisachthie*, c'est-à-dire soulagement. En même temps il rendit à la liberté les débiteurs réduits en esclavage par les usuriers, et força ceux-ci à dégager à leurs frais ceux qu'ils avaient vendus dans des contrées étrangères, et il prévint le retour d'un pareil abus en empêchant par une loi que le débiteur pût être vendu ou contraint de vendre ses enfants. La liberté individuelle fut garantie; personne ne put être mis en prison avant d'avoir été condamné par un jugement, excepté pour les crimes de péculat, de trahison ou de conspiration contre la république. L'arbitrage de Solon ne put cependant satifaire tout le monde; il en prit son parti : « Dans les grandes affaires, dit-il, il est difficile de plaire à tous. » Les riches trouvaient qu'en donnant à ses mesures un effet rétroactif, il violait des droits acquis; les pauvres avaient espéré qu'il détruirait la racine même du mal par une distribution égale de la propriété. Plutarque l'excuse de n'avoir pas tenté cette entreprise difficile ; Lycurgue, qui l'avait réalisée à Sparte, était dans des conditions bien plus favorables ; il exerçait l'autorité royale et agissait sur une société non encore constituée ; Solon n'avait qu'une influence morale.

S'il est vrai qu'il ait obtenu cette influence en promettant aux riches de consacrer les dettes, aux pauvres de partager les terres, du moins cette ruse équivoque n'avait pas eu pour motif une ambition personnelle, car il n'abusa pas de son pouvoir. Il reste quelques vers où il raille ceux qui s'étonnaient de sa modération à une époque où les usurpations étaient si fréquentes : « Solon n'est pas né avec un esprit profond et avisé : un Dieu lui offre des biens, il ne les prend pas. Lorsqu'il tient le poisson, il ne sait pas ramener le filet ; il manque d'audace et de bon sens. » Mais il se vante avec un légitime orgueil d'avoir renoncé au pouvoir, qu'il lui était si facile de garder : « Si j'ai respecté ma terre paternelle, si je n'ai pas flétri et souillé ma gloire en m'emparant de la tyrannie par la violence, loin d'en rougir, je crois plutôt que je l'emporterai par là sur tous les hommes. » Bientôt les mécontentements se calmèrent, et Solon se félicita de son œuvre dans des ïambes qui ont été conservés : il y invoque le témoignage de la grande mère des Démons olympiens, de la Terre noire, esclave auparavant, libre désormais. Il déclare qu'il a rendu à la patrie bien des exilés, à la liberté bien des citoyens réduits en servitude, et il ajoute qu'un autre à sa place n'aurait pas su garder de justes bornes, et que, s'il avait voulu satisfaire un parti ou l'autre, la république aurait été veuve de bien des citoyens. On comprit qu'il avait raison; les riches s'estimèrent heureux de ne perdre que ce qu'ils avaient usurpé, et la facilité avec laquelle ils acceptèrent cette réforme prouve que leur usurpation n'était pas bien ancienne ni leur prépondérance bien établie. Les pauvres se contentèrent des garanties qui leur étaient données pour l'avenir, et Solon, possédant la confiance générale, apporta le même esprit de conciliation dans la rédaction des lois qu'il fut chargé de présenter au peuple.

Il serait hors de propos d'examiner ici en détail la législation politique et civile de Solon. La constitution d'Athènes diffère peu au fond de celles des autres États de la Grèce qui n'ont pas subi la conquête dorienne. Les formes, les modes d'application, varient quelquefois d'une république à l'autre; mais le principe est partout le même. La souveraineté entière et absolue appartient toujours au peuple, qui tantôt l'exerce directement, tantôt la délègue en partie et par mandats spéciaux à des fonctionnaires révocables et responsables. La division des fonctions garantit l'ordre et la liberté contre les usurpations, sans que des conflits puissent s'élever entre des pouvoirs toujours placés sous l'autorité suprême et la surveillance immédiate du peuple. Malgré son caractère franchement démocratique, la constitution de Solon ne lui semblait à lui-même qu'une œuvre de conciliation; il avait donné, disait-il, non les meilleures lois possibles, mais les meilleures que les Athéniens pussent recevoir. En général, il ne fit que transformer en règles fixes des usages qui existaient depuis un temps immémorial, et que les récentes usurpations de quelques familles riches n'avaient pu faire oublier; la tradition rapportait à Thésée l'établissement de la démocratie, et la faisait remonter à l'origine même d'Athènes. Mais c'était une innovation importante et une précieuse garantie que de substituer à la coutume un code complet de lois écrites.

La division en tribus existait déjà; la division en classes d'après le revenu n'était que l'expression d'un fait et ne différait que par la forme de la division attribuée à Thésée. Les magistrats continuèrent à être choisis par tout le peuple, mais seulement parmi ceux qui avaient un revenu fixe. Cette restriction semble d'abord contraire à l'égalité; mais si on avait pris des magistrats parmi les Thètes, qui ne vivaient que de leur travail, il aurait fallu les indemniser, et il ne paraît pas que les fonctions publiques aient été rétribuées. D'ailleurs, comme le droit de voter les lois, de choisir les magistrats, de décider la paix, la guerre, les alliances, les impôts et toutes les affaires importantes, et enfin de juger les procès, appartenait au peuple tout entier, les Thètes avaient par leur nombre la principale influence dans les élections et la plus large part dans les pouvoirs législatif, exécutif et judiciaire. Un conseil d'État de quatre cents citoyens tirés au sort, dix archontes annuels et responsables, et le tribunal suprême de l'Aréopage, composé d'anciens archontes, exerçaient les principales fonctions à titre de ministres du peuple et sous sa surveillance. Mais tous ces pouvoirs s'enchaînent sans hiérarchie; toutes ces fonctions sont définies et indépendantes les unes des autres, ou plutôt leur dépendance est mutuelle et réciproque. En réalité, il n'y a d'autre autorité que celle du peuple; son action directe et permanente domine toute cette constitution, dont les rouages multipliés semblent n'avoir eu d'autre objet que d'entourer d'innombrables garanties le plein exercice de l'autocratie populaire.

Cependant le peuple trouva moyen par la suite d'augmenter encore sa prépondérance. D'après Aristote, qui désapprouve d'ailleurs les changements apportés après Solon à la constitution d'Athènes, ce législateur n'avait fait que raffermir la démocratie que les Athéniens tenaient de leurs ancêtres; il n'avait rien changé à ce qui existait, mais, pour consolider les droits du peuple, il avait admis tous les citoyens, sans distinction, à rendre la justice. Quant au droit de choisir ses magistrats et de leur faire rendre des comptes, il appartient au peuple de toute nécessité; « sans cela, ajoute Aristote, le peuple n'est dans l'État qu'un esclave et un ennemi » (1). Telle était d'ailleurs l'opinion de Solon lui-même, qui caractérise ainsi sa constitution : « J'ai donné au peuple autant de pouvoir qu'il était convenable, sans restreindre ses droits et sans les étendre au delà des bornes. A ceux qui avaient la force et qui se glorifiaient de leurs richesses, j'ai interdit toute usurpation. J'ai étendu sur les deux partis un bouclier solide, et je n'ai permis ni aux uns ni aux autres de vaincre injustement. » Pour que la constitution de Solon ait pu être regardée comme une œuvre de conciliation entre les partis et non comme une conquête du parti populaire, il fallait que la démocratie ne fût pas une nouveauté, mais un état normal et habituel, appuyé sur la tradition nationale. La domination des riches n'avait été qu'un accident passager dont il ne resta pas de traces dans les mœurs, tandis qu'une longue servitude aurait laissé des stigmates ineffaçables.

Les lois de Solon, relatives au mariage, montrent qu'il avait voulu resserrer le lien social sans relâcher le lien de famille. Les règlements sur le mariage des

---

(1) Aristot. Polit. II, 12.

riches héritières empêchaient, par des moyens peut-être un peu étranges, que le mariage ne devînt une affaire d'intérêt; ce devait être un lien sacré, un engagement dont l'enfant était l'objet. Quant aux orphelines pauvres, leur plus proche parent était obligé de les épouser ou de leur constituer une dot dont le chiffre était fixé selon la classe à laquelle il appartenait. A la vérité, les lois d'Athènes semblent avoir fait payer aux femmes les droits qu'elles leur accordaient, en les retenant dans un état de minorité contraire à la justice. Mais il faut remarquer que, s'il reste à un homme qui a dissipé son bien mille moyens de vivre honorablement, une femme réduite à l'indigence n'a guère que le déshonneur pour ressource. La chasteté des femmes ne pouvait être entourée d'autant de garanties qu'aux dépens de leur indépendance. Les Grecs croyaient que l'honneur était le bien le plus précieux pour une femme, et valait bien le sacrifice d'une partie de sa liberté. Si la justice en souffrit, les mœurs y gagnèrent. Lorsqu'il y eut des courtisanes à Athènes, c'étaient des femmes étrangères. La condition de mère de famille étant la seule honorable pour une citoyenne, on avait voulu que ce fût aussi la seule possible. Les lois contre l'adultère et la séduction étaient très-sévères : le ravisseur était obligé au mariage; l'amant d'une femme mariée, surpris par le mari, était livré à sa discrétion par une loi de Dracon qui ne fut jamais abrogée. Si le coupable était riche, il pouvait obtenir de racheter sa vie ; s'il était pauvre, au lieu de le tuer, on le soumettait quelquefois à une punition ignominieuse : le ridicule ne s'attachait pas au mari trompé ; seulement, s'il gardait la femme convaincue d'adultère, il était noté d'infamie. La tentative même d'adultère était punie, selon Maxime de Tyr. La séduction était punie plus sévèrement que la violence, parce que celle-ci ne souille que le corps, tandis que la séduction flétrit l'âme. Quant à la femme coupable, l'entrée des temples lui était interdite ; si elle s'y montrait, on pouvait l'insulter impunément.

Comme le désir d'être admirées est le premier écueil de la vertu des femmes, la loi allait jusqu'à imposer une limite au luxe de leur parure, lorsqu'elles allaient au marché. Il leur était interdit de sortir la nuit autrement qu'en voiture et avec une torche. Ces restrictions à la liberté des femmes étaient des garanties pour leur pureté. La liberté de conversation entre les deux sexes est généralement regardée comme très-propre à développer l'esprit : les Athéniens ne passaient pas pour des sots, mais ils regardaient l'honneur des familles comme une plante délicate qui craint un air trop vif et un soleil trop ardent. Selon eux, la seule ambition digne d'une femme est d'élever pour la patrie des générations fortes et saines. Une honnête femme, fût-elle sûre d'elle-même, doit craindre de donner un prétexte aux soupçons. Nul étranger ne pénètre chez elle; elle n'admet pas même les amis de son mari à sa table. Ce n'est pas une réclusion forcée, c'est une retraite volontaire. Elle n'est pas captive sous les grilles d'un harem, mais elle n'étale pas son esprit et ses charmes devant une foule d'oisifs qui la flattent et la méprisent, prodiguant à tous ses sourires, excepté à celui qu'elle a juré d'aimer. Ignorée de la foule, nul ne parle d'elle, ni en bien ni en mal, car les louanges d'une femme dans la bouche d'un homme sont quelquefois un outrage. L'étranger baisse les yeux devant sa chasteté voilée, et celui qui seul peut la connaître l'honore comme le génie tutélaire du foyer domestique, son trône ou plutôt son sanctuaire; il l'aime d'un amour grave et profond, comme on aime la patrie.

Le pouvoir judiciaire, qui appartient au père de famille dans toutes les sociétés naissantes, ne lui est enlevé par l'État que lorsque l'expérience a montré qu'il en pouvait abuser. Sextus Empiricus prétend que Solon avait laissé au père ce droit de vie et de mort sur ses enfants, et une comédie de Térence pourrait faire croire qu'à une époque où les mœurs s'étaient corrompues, de mauvais pères abusèrent de cette loi pour abandonner leurs enfants à la charité publique. Selon Ælien, les Thébains avaient une loi qui défendait d'exposer les enfants. Il en est de même aujourd'hui chez tous les peuples civilisés ; mais la séduction, cause ordinaire de l'infanticide, échappe à la loi, et ce crime lui-même, sous sa forme la plus odieuse, le supplice lent et successif d'un enfant par les coups, les mauvais traitements, les tortures de chaque jour, se reproduit trop souvent impunément, surtout dans les classes où la misère a éteint le sens moral. Le droit de la famille sur l'enfant n'est pas absolu ; Lycurgue eut tort de le méconnaître, Solon eut tort de ne pas le limiter. Il n'avait pas fait de loi contre le parricide parce qu'il le jugeait impossible ; peut-être en pensait-il autant de l'infanticide : la vie des enfants, comme celle des pères, lui paraissant assez protégée par la loi naturelle, il se borna à fixer leurs devoirs réciproques. Il obligea les parents à apprendre à leurs enfants la lecture, la natation et un état. Les enfants, à leur tour, devaient nourrir leurs parents, les loger et leur fournir toutes les nécessités de la vie. Ceux qui manquaient à ce devoir étaient notés d'infamie, peine qui répond à peu près à la mort civile ; mais les bâtards, ou ceux à qui leur père n'avait pas appris d'état, ne lui devaient que la sépulture.

Jusqu'à seize ans, l'enfant était laissé aux soins de ses parents ; alors il était inscrit sur le registre des Phratries, et pendant les deux années suivantes il fréquentait les gymnases publics et se formait aux exercices virils, sous la surveillance de maîtres nommés par l'État. La discipline interne de ces gymnases était très-sévère, et la peine de mort était prononcée contre quiconque aurait porté atteinte à la pureté de l'enfance. La loi de Solon, qui interdisait l'entrée des gymnases aux esclaves, et leur défendait de se lier d'amitié avec les enfants athéniens, paraît avoir eu le même objet. A dix-huit ans, les éphèbes gardaient les places de l'Attique et veillaient à la défense du territoire. Après cet apprentissage du service militaire, ils prêtaient le serment suivant dans le temple de la Déesse champêtre : « Je ne déshonorerai pas ces armes sacrées ; je n'abandonnerai pas mon chef de file et mon rang. Je combattrai pour les autels et les foyers, soit seul, soit avec d'autres. Je ne laisserai pas ma patrie plus faible que je ne l'ai reçue, mais plus grande et plus forte. J'obéirai à ceux qui jugeront selon la justice. Je serai soumis aux lois établies, et à celles que le peuple portera d'un consentement unanime. Je ne permettrai pas que personne renverse les lois ou leur désobéisse, mais je les défendrai, soit seul, soit avec tous les autres. Et j'honorerai la religion de mes pères. Soient témoins les divinités champêtres (Athènè et les filles de Cécrops), le Guerrier (Arès) Zeus, la Nourrice (la Terre), la Commandante (Artémis) (1). » Selon l'usage des Grecs, les Dieux sont désignés ici par une de leurs épithètes.

---

(1) Pollux, liv. VIII. Stobæus, sermo de Republica

Solon avait reculé devant le partage des terres, mesure dangereuse et qui ne peut avoir d'effet que pour un temps. Mais il essaya d'arriver au même résultat par des lois qui devaient empêcher une trop grande disproportion de fortune entre les citoyens ; car « La satiété qui suit l'abondance des richesses engendre la violence. » Il fixa une limite à l'extension de la propriété, au moins de celle du sol; mais Aristote, qui fait allusion à cette loi sans la citer (Polit. II, 7), ne dit pas quelle était cette limite. Il défendit de vendre l'héritage paternel, et il obligea chaque citoyen à travailler ; celui qui avait été trois fois convaincu d'oisiveté était noté d'infamie; les étrangers même ne pouvaient s'établir à Athènes que pour y exercer un état. Cette loi contre la paresse avait été empruntée aux Égyptiens selon Hérodote, mais, d'après Pollux, elle remontait à Dracon. Il était défendu de reprocher à qui que ce fût l'état qu'il exerçait. Le plus habile dans chaque métier était nourri dans le Prytanée et occupait une place d'honneur dans les fêtes. Rien n'était plus propre à maintenir l'esprit démocratique que cette glorification du travail. A Sparte, l'agriculture, le commerce et l'industrie étaient abandonnés aux Laconiens et aux Hilotes. Les patriciens de Rome cultivaient la terre, mais ils méprisaient l'industrie et le commerce, et laissaient les arts à leurs esclaves grecs. Dans l'Europe moderne, la noblesse n'estimait que le métier des armes, et ce fut l'une des principales causes de sa stérilité intellectuelle et de la longue barbarie qui pesa sur le monde. Athènes, fidèle aux antiques traditions de la Grèce, honora le travail sous toutes ses formes, l'agriculture, le commerce, l'industrie et l'art ; elle mit en pratique le mot d'Hésiode : « Aucun travail n'est honteux ; il n'y a de honteux que la paresse. »

On ne possède malheureusement pas le recueil des lois de Solon (1). Il y avait des prescriptions détaillées sur la propriété, les relations de voisinage, et en général sur les devoirs réciproques des citoyens. Quelques-unes ont un caractère d'archaïsme naïf, par exemple, la loi relative aux blessures causées par un chien ou par la chute d'un objet inanimé, et celle qui défendait de tuer un bœuf de labour, parce qu'il est le compagnon de travail de l'homme, loi digne d'un peuple qui honore l'agriculture. Une loi ordonnait d'indiquer la route aux voyageurs, une autre punissait les injures contre les morts. La loi qui défendait de rester neutre dans les dissensions politiques ne doit pas être entendue à la lettre; autrement Solon l'aurait violée le premier, puisqu'il avait cherché à servir de médiateur entre les riches et les pauvres. Mais l'esprit de cette loi est facile à saisir ; elle avait

(1) Samuel Petit a rassemblé les lois attiques citées par les anciens et y a joint un savant commentaire. On peut consulter aussi la *Themis attica* de Meursius, mais avec circonspection, parce que Meursius puise souvent dans les rhéteurs.

pour but de flétrir l'indifférence politique et cette prudence égoïste qui attend l'issue de la lutte pour se ranger du côté du parti victorieux. Nul ne doit songer à garantir son repos et ses intérêts au milieu des malheurs ou des dangers de la patrie. La loi, la justice et la liberté sont sous la garde de tous. Solon disait que la meilleure république était celle où toute injustice est poursuivie par ceux qui n'en souffrent pas, comme par celui qui en est victime. Il encouragea chaque citoyen, dit Plutarque, à entamer des poursuites pour tout acte de violence exercé contre un autre. Les lois politiques et religieuses étaient gravées sur des tables de pierre (κύρβεις), les lois civiles sur des pyramides de bois tournant sur un axe (ἄξονες). La manière primitive dont elles étaient écrites (βουστροφηδόν) montre que l'usage de l'écriture n'était pas encore très-répandu. Au milieu de la place publique, tout le monde pouvait les consulter : dans une démocratie, où le peuple est majeur et responsable, chaque citoyen doit connaître ses droits et ses devoirs.

Les Athéniens eurent cependant besoin des leçons de l'expérience. Malgré les garanties données par les lois à leur liberté, ils la perdirent momentanément par leur faute. Si Solon avait conservé le pouvoir assez longtemps pour calmer les passions et mettre ses lois en vigueur, peut-être eût-il préservé Athènes de l'usurpation de Pisistrate. Il avertit le peuple du danger, et, quand le mal fut consommé par l'occupation de l'Acropole, il essaya inutilement d'exciter un soulèvement général : « Il eût mieux valu, disait-il, prévenir l'usurpation ; mais il sera plus glorieux de la détruire après qu'elle est établie. » Personne ne l'écouta : la faction oligarchique se tint à l'écart ; les Alcmæonides, chefs du parti moyen, s'exilèrent, et les montagnards virent une victoire pour eux dans l'usurpation de leur chef. Solon mit ses armes devant sa porte : « Si vous portez la peine cruelle de vos fautes, dit-il aux Athéniens, n'en accusez pas la destinée des Dieux ; vous-mêmes, par vos dons, avez grandi ceux qui vous oppriment, et voilà pourquoi vous subissez la dure servitude. » L'histoire n'a pas voulu être sévère pour Pisistrate, à qui le monde doit les poëmes d'Homère ; on dit qu'il cherchait à conserver les apparences de l'égalité, et que, sauf le pouvoir qu'il s'attribuait, il appliquait les lois de Solon. On ajoute que celui-ci ne lui refusait pas ses conseils, pensant peut-être que la tyrannie temporaire d'un démagogue contiendrait l'esprit factieux des familles riches mieux que l'autorité abstraite de la loi.

Mais on ne fait pas à l'ambition sa part. Chassé deux fois d'Athènes, Pisistrate y revint d'abord par la connivence des Alcmæonides, plus tard avec un appui étranger, et transmit la tyrannie à ses fils. Tous les tyrans qui s'établissaient dans les villes grecques cherchaient à fonder des dynasties héréditaires. S'ils n'y réussissaient pas, c'était grâce aux conspirations et à l'appui que les Spartiates offraient généralement aux peuples qui voulaient s'affranchir. Au milieu de ces luttes, il faut constater le rôle de la poésie. Malgré les goûts littéraires des Pisistratides, le soin qu'ils avaient de s'entourer de poëtes, la poésie grecque resta pure de ces serviles déférences qui ont trop souvent déshonoré la poésie latine. Tandis qu'on trouve deux tyrans parmi les sages de la Grèce, on voit des poëtes à la tête des ennemis de l'usurpation : Théognis, Solon, Alcée, en sont la preuve. On en trouverait sans doute d'autres exemples parmi les lyriques, si leurs œuvres n'avaient pas disparu dans la grande nuit du moyen âge ; mais, de tous les chants politiques de cette époque, on n'a conservé que celui en l'honneur d'Harmodios et d'Aristogiton, attribué à Alcée ou à Callistrate, et qui forme une transition curieuse entre les hymnes homériques et les odes de Pindare : « Dans une branche de myrte je cacherai le glaive, comme Harmodios et Aristogiton lorsqu'ils tuèrent le tyran et rétablirent l'égalité dans Athènes. Cher Harmodios, non, tu n'es pas mort ; tu es dans les îles des heureux, où sont, dit-on, Achille aux pieds légers et Diomède, fils de Tydée. Dans une branche de myrte je cacherai le glaive, comme Harmodios et Aristogiton, lorsqu'aux fêtes d'Athènè ils tuèrent le tyran Hipparchos. Toujours votre gloire vivra sur la terre, chers Harmodios et Aristogiton, parce que vous avez tué le tyran et rétabli l'égalité dans Athènes. »

Malgré la popularité qui s'attacha aux noms d'Harmodios et d'Aristogiton, leur tentative n'avait eu pour principe qu'une injure personnelle à venger. C'est, selon Aristote, la cause la plus ordinaire de la chute des tyrannies ; il serait plus juste de n'y voir qu'une occasion ou un prétexte. La véritable cause des révolutions qui affranchirent les cités grecques, c'est le caractère profondément républicain de la race hellénique et son infatigable persévérance. Il y avait toujours une partie du peuple qui protestait contre l'usurpation ; dans d'autres villes, ce fut le rôle de la faction aristocratique ; mais à Athènes cette faction s'annula elle-même par son inertie. La résistance vint du parti moyen, dirigé par les Alcmæonides. Ils s'armèrent dans l'exil et tentèrent une invasion en Attique ; on a conservé une sorte de chant funèbre sur leur défaite à Leipsydrion : « Ah ! Leipsydrion traître aux amis ! quels hommes tu as détruits, braves au combat et de bonne race, et qui ont montré alors de quels pères ils étaient nés ! » Ils ne se découragèrent pas ; le Dieu de Delphes, dont ils avaient rebâti le temple à leurs frais, leur procura l'appui des Lacédémoniens, qui chassèrent Hippias. Sparte, il est vrai, dispensa Athènes de la reconnaissance en essayant de la soumettre à la faction oligarchique.

Mais cette faction, qui n'avait pas su résister aux Pisistratides, ne méritait pas de profiter de leur défaite ; les Alcmæonides anéantirent son influence en se ralliant complétement au parti populaire, dont ils assurèrent la prépondérance définitive par une réforme partielle de la constitution de Solon.

Cette réforme paraît avoir consisté principalement dans une nouvelle division de la population et du territoire, et dans l'augmentation du nombre des tribus et de leurs subdivisions. Ce changement devait avoir pour effet d'empêcher les influences locales des familles riches. Un passage de la République d'Aristote (III, 2) attribue à Clisthènes une autre innovation importante : « Il fit entrer dans les tribus beaucoup d'étrangers et d'esclaves domiciliés, ξένους καὶ δούλους μετοίκους. » Ces derniers mots ont paru difficiles à expliquer. On sait que les Athéniens appelaient μέτοικοι les étrangers établis sur le sol de l'Attique. L'Attique avait été, dès l'origine, une terre hospitalière. Plutarque attribue à Thésée la fête des Métœques et la formule : « Accourez ici, tous les peuples, » par laquelle les étrangers auraient été invités à s'établir à Athènes et admis à l'isonomie, à l'égalité des droits. Thucydide (liv. Ier) signale aussi comme une des causes de l'accroissement de la puissance d'Athènes l'accueil fait aux étrangers qui, chassés par la guerre ou la sédition des autres parties de la Grèce, trouvaient à Athènes un asile sûr, y recevaient le droit de cité, et en augmentaient la population à un tel point qu'il fallut envoyer des colonies en Ionie. Le scholiaste de Thucydide cite l'exemple des Héraclides, des Messéniens, des Mélanthides, et il ajoute qu'autrefois les Athéniens donnaient immédiatement le droit de cité aux étrangers, « ce qui cessa plus tard à cause de leur multitude; » mais il ne fixe pas l'époque où des restrictions furent apportées à l'admission des étrangers, restrictions fort naturelles d'ailleurs, et qui existent dans tous les pays. Aristote montre par l'exemple des dissensions de Sybaris, de Thourion et de quelques autres villes, le danger de composer une cité d'éléments hétérogènes, et de traiter les étrangers sur le même pied que les citoyens. Une loi de Solon n'accorde le droit de cité qu'aux étrangers bannis à perpétuité de leur pays, ou à ceux qui s'établissaient à Athènes avec leur famille et leurs biens pour y exercer un état. Sous Périclès, les exclusions se multiplièrent au point de faire du titre d'Athénien une sorte d'aristocratie. Mais le scholiaste d'Aristophane (Ranæ) cite une loi dont on ignore la date, par laquelle tout étranger devait, au bout de peu de temps, être inscrit parmi les citoyens. Enfin une loi citée par Démosthènes (contre Neère) indique une restriction nouvelle : il fallut, pour être admis au droit de cité, avoir rendu un service au peuple. L'admission des Métœques subit donc de nombreuses vicissitudes, et la réforme de Clisthènes correspond à une période de large hospitalité.

Mais la difficulté du passage d'Aristote vient de l'expression *esclaves domiciliés* dont il se sert. Elle ne pourrait être résolue que si on savait quand et comment l'esclavage s'introduisit à Athènes ; mais on sait seulement qu'il n'existait pas lors de l'expulsion des Pélages, qui fortifièrent l'Acropole, et qu'au temps de Solon, des pauvres, ayant été réduits en servitude par leurs créanciers, furent affranchis par le législateur. Si après cet affranchissement il resta des esclaves à Athènes, c'étaient des étrangers, et ainsi s'explique l'expression *esclaves domiciliés* employée par Aristote. Sans doute les riches, à qui la loi défendait d'asservir leurs concitoyens, prirent le parti d'acheter des esclaves étrangers ou des prisonniers de guerre. On ignore à quelle époque le trafic des esclaves pénétra en Grèce ; mais il résulte d'un fragment de Théopompe, conservé par Athénée, que ce fut postérieurement aux conquêtes des Doriens et des Thessaliens : « Les habitants de Chios sont les premiers des Grecs, après les Thessaliens et les Lacédémoniens, qui se soient servis d'esclaves ; mais ils ne se les procurèrent pas de la même manière : les Lacédémoniens et les Thessaliens réduisirent en servitude des Grecs, anciens habitants des contrées qu'ils occupent aujourd'hui, ceux-là des Achéens, ceux-ci des Perrhæbes et des Magnètes ; et, les ayant asservis, ils nommèrent les uns Hilotes, les autres Pénestes (il faut y ajouter les Klèrotes de Crète). Mais les habitants de Chios se servent de domestiques barbares qu'ils se procurent à prix d'argent. » Après avoir cité ce passage, Athénée ajoute que les habitants de Chios s'attirèrent ainsi la colère des Dieux. Il parle d'un oracle menaçant, et raconte les malheurs auxquels les exposèrent plusieurs fois les révoltes de leurs esclaves, jusqu'à ce qu'enfin Mithridate de Cappadoce les soumit et les réduisit à servir leurs propres esclaves qu'il établit en Colchide, « et c'est ainsi, ajoute-t-il, que s'accomplit la vengeance des Dieux contre ceux qui les premiers achetèrent des hommes pour se faire servir, quand les autres se servaient eux-mêmes. »

C'est là un grand exemple de la moralité de l'histoire ; si les vengeances divines ont poursuivi le peuple qui établit le premier l'esclavage au milieu de la civilisation, on peut croire qu'elles n'épargneront pas celui qui sera le dernier à l'abolir. Il n'est pas vrai, comme le supposait J.-J. Rousseau, que l'esclavage des uns soit la condition nécessaire de la liberté des autres. Les Grecs ont longtemps vécu sans esclaves ; ceux qui ont comparé la civilisation antique à une plante délicate qui ne pouvait fleurir que sur le fumier de la servitude n'ont pas assez remarqué que les sociétés despotiques et théocratiques de l'Orient ont eu des castes d'esclaves, qu'il en a été de même dans les sociétés modernes. L'esclavage a progressivement disparu du sol de l'Europe à mesure que le monde sortait de la barbarie féodale, mais il a été relégué dans les colonies. Après un pas de plus dans la voie de la civilisation, cette dernière forme de l'esclavage, la plus dure qu'il eût jamais revêtue, commence à disparaître, et on peut entrevoir le temps où il aura complétement cessé; mais une des grandes nations du monde civilisé reste encore en arrière, et les autres, qui l'ont devancée de quelques années, n'ont peut-être pas encore acquis le droit d'être bien sévères pour elle ni pour l'antiquité. C'est en partie par l'esclavage que les peuples anciens ont échappé au problème de la misère qui trouble le développement régulier des peuples modernes. Posidonios regarde comme une des sources de l'esclavage l'abdication volontaire de la liberté en échange d'une vie tranquille et assurée, et il cite l'exemple des Mariandyniens qui se donnèrent eux-mêmes aux Héracléotes. Tel est peut-être le sens de la théorie d'Aristote sur l'esclavage de nature, qu'il ne faut pas confondre avec l'esclavage de naissance; les parasites des comédies sont des esclaves de nature, des esclaves volontaires. Toute autre forme de l'esclavage est injuste comme toute loi imposée par la force.

Au reste, les protestations contre l'esclavage n'ont

pas manqué dans l'antiquité. Mais en morale les actes valent mieux que les théories, et les lois des Athéniens en faveur des esclaves ont une bien autre portée que les sentences et les aspirations individuelles. Tout le monde s'accorde à dire que la condition des esclaves était plus douce à Athènes que dans aucune autre ville. On pourrait désirer quelque chose de plus, on voudrait qu'Athènes eût donné en tout l'exemple au monde. Puisque les Locriens, les Phocéens et d'autres peuples de la Grèce ont vécu sans esclaves jusqu'à la chute de la liberté grecque, on se demande pourquoi les Athéniens n'en ont pas fait autant. Il faut remarquer que ces peuples, ne sortant jamais de chez eux, ont pu conserver les mœurs de la Grèce primitive, tandis que les Athéniens se trouvaient en relations continuelles avec des peuples qui faisaient le trafic des esclaves. Le commerce augmenta les fortunes particulières, et les riches n'aiment pas se servir eux-mêmes. La domesticité officieuse, telle qu'elle existe aujourd'hui, est un compromis trop subtil pour avoir été imaginé dès l'origine; cependant l'esclavage, chez les Athéniens, ne s'en éloignait pas beaucoup. Les domestiques qui avaient à se plaindre de leur maître pouvaient le forcer à les vendre à un autre. Ils avaient un pécule, et pouvaient se racheter pour une somme qui ne devait pas être très-forte, si on en juge par un passage d'une comédie de Plaute, imitée de

Diphile : « Que me font tes promesses de liberté ? Ne puis-je pas, malgré toi et ton fils, et sans vous rendre aucun service, m'affranchir moi-même pour la modique somme d'une livre, *unâ libellâ ?* » (Casina.) La servitude n'était donc pas une chaîne éternelle, c'était un des mille maux sortis de la boîte de Pandore, mais l'espérance restait au fond. Ce n'était pas la tache indélébile, le funeste patrimoine d'une race : « Il n'y a nulle part de cité d'esclaves, mon bon, dit le poëte Anaxandridès ; c'est le hasard qui change notre condition ; tels ne sont pas libres aujourd'hui, qui demain seront Suniens (Metœques), et dans trois jours ils prendront possession de l'agora ; un Dieu tourne le gouvernail de notre destinée. »

Outre les affranchissements particuliers, il y avait de temps à autre des affranchissements en masse. Les exemples qu'on en connaît correspondent tous à des périodes de réaction démocratique : ainsi Solon affranchit les esclaves athéniens ; Clisthènes, les esclaves metœques. Après la bataille des Arginuses, en même temps que le peuple condamna, avec trop de précipitation peut-être, les généraux qui avaient négligé de recueillir les morts et les blessés, ce même peuple affranchit les esclaves qui avaient pris part au combat, et non-seulement il les affranchit, mais il les admit au droit de cité, sur le même pied que les descendants des Platéens, qui avaient partagé avec Athènes la victoire de Marathon. La même chose eut lieu après la bataille de Chéronée. Si Athènes avait été plus forte, si son système politique avait pu s'étendre à toute la Grèce, sans doute l'esclavage n'eût pas tardé à disparaître. Mais la démocratie était sans cesse obligée de lutter au dehors contre les barbares, contre Sparte, et plus tard contre la Macédoine; au dedans, contre ceux qui s'appelaient les bons, les honnêtes gens, et qui étaient toujours prêts à s'allier avec les ennemis de la patrie pour asservir leurs concitoyens. Au milieu de ces attaques incessantes, Athènes sentait que sa vie était le salut de la Grèce et du monde, et pendant que ses enfants s'armaient tous pour la défendre, il fallait bien quelqu'un pour cultiver ses champs. Ce rêve de la démocratie, l'égalité absolue des hommes, était ajourné après la victoire, et malgré des affranchissements multipliés, la plaie de l'esclavage grandissait toujours. Le nombre des domestiques finit par l'emporter de beaucoup sur celui des hommes libres, comme le prouve le recensement de Démétrios de Phalère.

Il n'y eut jamais à Athènes de révoltes d'esclaves comme dans les États aristocratiques, et on ne peut s'en étonner lorsqu'on lit dans Xénophon : « L'insolence des domiciliés et des esclaves est très-grande à Athènes ; il n'est pas permis de les frapper, et un esclave ne se dérange pas devant vous. » (Resp.

Athen.) Et au lieu de louer chez ses compatriotes ce noble sentiment de l'égalité humaine, Xénophon les excuse comme s'il s'agissait d'une erreur et d'une faiblesse. Il cherche une explication dans le costume des esclaves, qui ne différait pas de celui des citoyens, « de sorte, dit-il, qu'en croyant frapper un esclave on serait exposé à frapper un Athénien; » comme s'il n'eût pas suffi alors d'imposer aux esclaves une marque distinctive. Mais la loi athénienne ne se prête pas à cette interprétation puérile qui lui ôterait toute sa portée morale, elle défend « toute espèce de mauvais traitement, de violence ou d'outrage contre un enfant, une femme, un homme, libre ou esclave. » Démosthènes, dans le discours contre Midias, fait ressortir l'humanité de cette loi, φιλανθρωπία, et il ajoute que plusieurs, pour l'avoir violée, ont été punis de mort. Certes une loi pareille n'a pas besoin d'excuse; mais Xénophon, comme toute l'école de Socrate, était fort hostile aux mœurs démocratiques de son pays, et on ne peut approuver l'aristocratie sans admettre l'esclavage : ces deux formes de l'inégalité sociale dérivent du même principe, ou plutôt de la même négation du principe éternel de la justice. Les beaux esprits d'Athènes n'avaient garde de protester contre l'esclavage, mais le peuple, dans son ardeur indisciplinable de nivellement, protégeait les esclaves par des lois humaines ou les affranchissait en masse à ses heures de démagogie.

Le peuple d'Athènes se montra dans plus d'une occasion bien supérieur à ceux qui prétendaient le réformer ou le conduire : « Après le départ de Xerxès, dit Plutarque, la flotte des Grecs s'étant retirée à Pagase pour y passer l'hiver, Thémistocle vint à l'assemblée des Athéniens déclarer qu'il avait un projet utile et avantageux pour eux, mais qu'il ne pouvait le divulguer; les Athéniens lui ordonnèrent de le faire connaître à Aristide; si celui-ci l'approuvait, on l'exécuterait. Thémistocle dit alors à Aristide qu'il avait songé à incendier la flotte des Grecs; alors celui-ci, revenant devant le peuple, dit qu'aucun projet n'était plus utile que celui de Thémistocle, ni plus injuste, et les Athéniens ordonnèrent à Thémistocle d'y renoncer. » (Plut. Themistocl.) Un peuple qui donne au monde l'exemple d'un si profond respect pour la justice mérite bien de se gouverner lui-même, et on peut bien lui pardonner quelques erreurs inséparables de la nature humaine. Mais, quand les vertus sociales qui avaient fait la force des républiques grecques eurent cessé d'être comprises, la prétendue ingratitude d'Athènes devint un thème banal sur lequel chacun pouvait déclamer sans danger. On a parlé de Thémistocle, de Miltiade, d'Aristide; pour exalter quelques hommes, on n'a pas craint de condamner tout un peuple. Les talents de Miltiade ne l'excusent pas d'avoir engagé ses concitoyens dans une expédition de flibustiers ; il avait contribué à la victoire de Marathon, mais moins sans doute que le courage des Athéniens et des Platéens, et, quand il demandait une récompense spéciale, on put lui répondre : « Quand tu repousseras seul les barbares, tu seras seul récompensé. » La disgrâce d'Aristide prouvait que ses concitoyens le croyaient trop honnête pour changer d'opinion, et, forcés d'opter entre lui et Thémistocle, ils choisirent celui qu'ils crurent le plus nécessaire à la patrie : un peuple a bien le droit de se sauver comme il l'entend. Thémistocle fut exilé à son tour ; il avait sauvé la Grèce, cela ne lui donnait pas le droit de la trahir ni de vouloir la gouverner. L'ostracisme, tant reproché aux Athéniens, était le contrepoids nécessaire des enthousiasmes de la démagogie, la sauvegarde des libertés publiques contre les popularités dangereuses. Si les Américains, se défiant d'eux-mêmes, avaient éloigné Washington, l'Europe les eût condamnés, mais Washington les eût absous.

Le grand sens politique de Solon avait deviné le danger des influences individuelles dans une démocratie. Il les compare aux nuages d'où sortent la neige et la grêle, aux vents qui soulèvent les flots de la mer ; « Ce sont les hommes puissants qui perdent la république, ajoute-t-il, et l'ignorance du peuple le fait tomber sous la servitude d'un monarque. » Les troubles d'Athènes n'eurent jamais d'autre cause que les ambitions égoïstes qui s'accommodaient mal du régime de l'égalité. Le mot prêté à Anacharsis : « A Athènes, les sages proposent, et les fous disposent, » fournissait un texte spécieux aux amours-propres froissés et aux vanités impuissantes. Toujours battu malgré ses complots et ses intrigues, le parti oligarchique essaya de se relever par la théorie ; des hommes de bonne foi, mais amis du repos, purent se laisser séduire par l'utopie d'un peuple docile et soumis, obéissant avec une régularité ponctuelle à une élite de fonctionnaires lettrés. Il est à regretter que ces sages n'aient pas connu la Chine. Mais le peuple qui élevait le Parthénon, qui comprenait et applaudissait les drames d'Æschyle et de Sophocle, croyait n'avoir pas besoin de tuteurs. Périclès, Démosthènes et les autres démagogues ne s'en firent écouter qu'en lui conseillant ce que lui-même avait envie d'entreprendre, ou en faisant appel à son ardent patriotisme et au souvenir de ses glorieux ancêtres. Mais les novateurs, qui paraissaient le mépriser et qui tournaient toujours les yeux du côté de Sparte, lui inspiraient peu de confiance.

D'ailleurs l'expérience prononça, et ce fut pour le malheur de tous les partis. L'oligarchie des Trente exerça la plus violente persécution contre les citoyens riches. La démocratie s'était contentée de leur imposer, conformément à la justice, la plus forte part des contributions et des charges publiques ; mais, une fois cette dette acquittée, ils pouvaient, comme le remarque Périclès dans Thucydide, jouir en paix de leurs richesses, sans avoir à craindre de la part des pauvres ni jalousie ni malveillance. Aussi, l'oligarchie des Trente renversée, personne ne la regretta. Le peuple crut la leçon suffisante et proclama l'*amnistie*, c'est-à-dire l'oubli ; la démocratie victorieuse eut l'honneur d'introduire ce mot dans l'histoire. Mais, pour prévenir de nouveaux désordres, un décret permit de tuer impunément quiconque tenterait de renverser le gouvernement populaire, et chaque Athénien dut prêter le serment suivant : « Je tuerai de ma main, si je puis, celui qui aura renversé la démocratie d'Athènes, ou qui, après qu'elle aurait été renversée, remplirait une fonction publique. Si quelqu'un s'empare de la tyrannie ou soutient le tyran, celui qui le tuera sera pour moi pur de meurtre devant les Dieux et les Démons, comme s'il eût tué à la guerre un ennemi des Athéniens. Des biens du tyran mort je donnerai, par mon vote et mon suffrage, la moitié à son meurtrier, sans en rien retrancher. Et si quelqu'un meurt en tuant ou en attaquant le tyran ou ses complices, je l'honorerai lui et ses enfants, comme Harmodios, Aristogiton et leur postérité. Et tous les serments contraires au peuple des Athéniens qui seraient prêtés à Athènes ou dans le camp, je les délie et les efface. » (Lycurgue contre Léocrate.)

Ce ton de colère fiévreuse explique, sans le justifier, un événement malheureux qui se rattache peut-être plus directement qu'il ne semble d'abord à l'expulsion des Trente. La philosophie expia dans la personne de Socrate son alliance avec les ennemis de l'ordre et de la démocratie. On a sévèrement reproché aux Athéniens la mort de Socrate, et on a bien fait : malheur aux partis qui font de leurs vaincus des martyrs ! Si, du moins, on s'en était tenu à l'ostracisme, le philosophe qui exaltait les institutions doriennes, qui instruisait Alcibiade à mépriser le peuple, aurait été passer quelques années à Sparte, et en serait revenu plus indulgent pour Athènes. Mais le peuple sortait d'une période d'oppression violente ; plusieurs des Trente, et entre autres Critias, le plus cruel de tous, avaient été à l'école de Socrate ; le plus aimé de ses disciples, Alcibiade, donna l'exemple de toutes les débauches, de la trahison et du sacrilége ; le plus honnête, Xénophon, renia sa patrie, tandis que la discipline antique et la morale religieuse avaient produit les héros de Marathon et de Salamine. A juger l'arbre par ses fruits, la comparaison n'était pas à l'avantage de la philosophie, et on cria à la corruption de la jeunesse. Ces comparaisons n'étaient pas nouvelles ; depuis longtemps Aristophane, attribuant la corruption des mœurs aux philosophes, avait opposé les habitudes molles et efféminées des jeunes gens de son temps à la rude et sévère discipline des ancêtres. Les écrits des disciples de Socrate, publiés pour la plupart après sa mort, nous montrent en lui un ennemi des sophistes ; mais pour ses contemporains c'était un sophiste plus célèbre que les autres. En discutant avec plus ou moins de retenue la religion nationale, en remplaçant les créations vivantes de la poésie par des abstractions qu'Aristophane représente par les Nuées, ces divinités des songe-creux, les sophistes passaient pour des athées aux yeux de ce peuple d'artistes, qui ne saisissait l'idée qu'à travers une forme plastique. Plus tard les chrétiens passèrent pour athées, parce qu'ils professaient des idées religieuses différentes de celles de leurs contemporains.

Le décret d'amnistie empêchant les rancunes contre le parti oligarchique et spartiate de se produire ouvertement, le procès de Socrate, qui n'était peut-être, au fond, qu'un procès politique, revêtit la forme d'une question de religion et de morale. On a droit d'être plus exigeant pour la démocratie que pour tous les autres gouvernements, et pour Athènes que pour tous les autres peuples, et on voudrait effacer cette tache de son histoire. En faisant la part des passions du moment, et en laissant cette part sur la conscience des accusateurs de Socrate, il faut avouer que ni la vertu de ce philosophe ni le talent de ses disciples n'empêchaient leurs idées d'être dangereuses pour Athènes et pour le reste de la Grèce. Xénophon propose dans sa Cyropédie un idéal monarchique, Platon, dans sa République, un idéal communiste; Athènes aima mieux s'en tenir à une forme politique qui avait fait ses preuves, que consacraient toutes ses traditions, et qui convenait à son caractère et à ses mœurs. Les discussions métaphysiques qui remplirent plus tard la vieillesse de la Grèce furent accueillies au début avec une répugnance instinctive par tous ceux qu'animait encore le vieil esprit des républiques. La religion d'Homère avait préservé la Grèce des castes et du despotisme oriental, et la Grèce ne pouvait sans ingratitude oublier ces Dieux protecteurs qui avaient si vaillamment combattu avec elle à Marathon, à Salamine, à Platée. Elle sentait qu'en attaquant ses traditions nationales et religieuses on ébranlait en même temps ses mœurs, ses institutions et ses lois, et qu'elle perdrait sa liberté le jour où elle aurait renié ses Dieux.

Le culte des traditions était chez les Grecs un contre-poids nécessaire à leur caractère aventureux et mobile; la religion nationale se confondait pour eux avec le respect des ancêtres et l'amour de la patrie. A Athènes, tout bon citoyen était conservateur, c'est-à-dire démocrate, car tout le monde faisait remonter l'établissement de la démocratie à l'époque mythologique, et la rapportait au fondateur même d'Athènes. Lors même qu'on ne voudrait pas tenir compte de cette tradition unanime, il faudrait reconnaître que la liberté, qui n'est qu'un accident passager dans la vie de la plupart des autres peuples, a été l'état normal des Athéniens. C'est dans leur caractère qu'il en faut chercher la cause, et non dans des circonstances extérieures. Athènes a été démocratique dès l'origine, parce que la démocratie était conforme à son tempérament, et elle est restée démocratique en dépit de tous les obstacles, parce qu'elle l'a énergiquement voulu. L'oligarchie et la tyrannie cherchèrent bien souvent à s'y établir, et y réussirent même quelquefois, mais jamais pour longtemps, parce que jamais le peuple n'acceptait sa défaite; toujours il se relevait plus exigeant et plus fort, et chaque complot de ses ennemis avait pour résultat final une extension plus grande et de nouvelles garanties données à la puissance populaire. Les peuples, comme les individus, apportent en naissant des aptitudes spéciales; mais ils peuvent les développer par l'exercice ou les annuler par l'inertie. Une force étrangère peut bien en retarder le développement; mais l'homme possède une énergie intérieure qui lui permet de réagir contre la pression du dehors, et dans une mesure très-large il est maître de sa destinée.

L'ingénieux sophisme de Ménénius Agrippa suffit, dit-on, pour tromper les grossiers plébéiens de Rome;

mais il aurait paru peu concluant au peuple intelligent d'Athènes. Si on lui eût dit que, dans une collection d'êtres semblables, il fallait des membres pour travailler et des estomacs pour digérer, il aurait exigé que ces fonctions inégales fussent tirées au sort ou remplies par chacun à tour de rôle. La cité, réunion d'égaux, société volontaire de forces indépendantes, lui eût semblé inconciliable avec toute espèce d'hiérarchie artificielle. Ce n'est pas qu'Athènes méconnût le mérite ou qu'elle oubliât les services rendus; sa reconnaissance pour les bons citoyens s'étendait même à leurs descendants; c'est une conséquence du respect des traditions et du culte des souvenirs. Mais comme, dans les monarchies, quand le prince devient majeur, ceux qui ont dirigé son enfance ne peuvent rester ses ministres qu'en devenant ses plus fidèles sujets, ainsi, dans une démocratie, quand le peuple a la pleine et entière conscience de ses droits, les familles illustres qui veulent, non plus le diriger, mais le servir, doivent commencer par lui prouver leur dévouement à sa cause. C'est ce que firent les Alcmæonides, de Clisthènes à Périclès, et ils montrèrent en cela autant d'habileté que de patriotisme. Dans les républiques ou les monarchies, la noblesse est souvent arrogante et factieuse; mais, dès qu'elle sent sa faiblesse, elle devient docile et soumise. Les fils de bons pères, les Eupatrides, comme ils s'appelaient eux-mêmes, n'avaient aucun privilége; mais l'éclat de ces illustres familles contribuait à la gloire d'Athènes ; le peuple avait ses nobles pour le servir, comme Louis XIV a eu les siens. Les uns comme les autres se disputaient la faveur du maître, et luttaient de dévouement pour son service. Mais, à Athènes, la dignité personnelle n'avait pas à souffrir de cette déférence, car le peuple pouvait dire sans métaphore : L'État, c'est moi. Ainsi l'ambition devenait une vertu; c'était le légitime désir de servir la patrie.

Il y a un principe vrai au fond de toutes les institutions humaines : le principe de la démocratie est l'égalité des droits; celui de l'aristocratie est le respect des traditions; celui de la monarchie est l'unité nécessaire à la force d'un État. Aucun de ces principes ne doit exclure les deux autres ; et l'intelligence politique d'un peuple se reconnaît à la manière dont il sait les concilier. Athènes ne fit pas de la noblesse et de la souveraineté un privilége, mais un droit qu'elle étendit à tous les citoyens et qui se confondait avec le droit de la patrie commune. Ce droit, la démocratie savait le maintenir; mais de qui eût-elle été envieuse, et quelle gloire ne se perdait dans la sienne? Le soleil n'est pas jaloux d'un de ses rayons. Tout le peuple de l'Attique était noble, comme ses poëtes aimaient à le lui répéter. L'éducation étant la même pour tous, chaque citoyen était propre à tous les emplois. Un jour, enthousiasmé par une tragédie de Sophocle, le peuple le nomma général. Depuis Aristide, tous les citoyens étaient éligibles ; le suffrage universel ne sembla pas encore assez démocratique, et, pour plusieurs fonctions, on remplaça l'élection par le sort. Quel que fût le nom qui sortît de l'urne, c'était celui d'un citoyen, et ce titre était une garantie suffisante d'aptitude et d'honneur.

La disproportion des fortunes n'était pas très-grande, et tendait toujours à diminuer. Toute misère était bientôt soulagée. Cimon abattait les haies de ses vergers et invitait chaque jour les pauvres à sa table ; lorsqu'il sortait, des jeunes gens le suivaient avec de bons manteaux, qu'ils échangeaient en silence contre les haillons des vieillards indigents. Périclès, qui n'était pas assez riche pour lutter de popularité sur ce terrain-là, cherchait un moyen d'augmenter la puissance politique du peuple, ce qui n'était pas facile, car elle était à peu près illimitée. Ces rivalités tournaient au profit du peuple, sans danger pour sa moralité ; car, si dans les aristocraties on peut réussir par la corruption des chefs ou de leurs agents subalternes, nul ne peut songer à corrompre toute une nation. Il fallait que les ambitieux en prissent leur parti ; pour diriger le peuple, on devait le convaincre et le persuader ; les magistrats qu'il nommait étaient ses agents et non ses maîtres. Aucun démagogue, ni Périclès, ni Cléon, ni Démosthènes, n'eut jamais d'autre influence que celle d'un orateur éloquent sur une assemblée délibérante. Soldat ou général en temps de guerre, législateur ou magistrat en temps de paix, citoyen partout et toujours, un Athénien ne connaissait d'autre autorité que l'assemblée de ses égaux, parce que le tout est supérieur à chacune de ses parties. Le peuple recevait les ambassadeurs, délibérait sur leurs demandes, décidait les alliances, soutenait les guerres qu'il avait décrétées, et obéissait aux lois qu'il avait faites.

Les riches n'avaient garde de mépriser les pauvres, qui disposaient des honneurs et des dignités; les pauvres, de leur côté, n'enviaient pas les riches, qui consacraient leurs biens au soulagement du peuple ou à ses plaisirs. Il y avait peu de luxe chez les particuliers; Athènes, riche par son commerce, puissante par sa marine, consacrait tous ses revenus à ses temples de marbre, à ses fêtes publiques et à ses représentations scéniques. Les poëmes d'Homère, chantés, d'après une loi de Solon, dans les Panathénées, inspirèrent le génie de Phidias et celui de Sophocle; l'art dramatique, dont les représentants, malgré Molière et Shakspeare, sont encore au ban des sociétés modernes, est né dans les fêtes religieuses de cette démocratie d'artistes qui restera une terre sainte pour les derniers fidèles de l'art et de la poésie. Phidias traduisit en marbre la religion d'Homère;

il fut, comme lui, le prêtre des Dieux de la beauté. On se demande comment il put, dans un si petit peuple, réunir assez d'élèves pour exécuter en si peu de temps l'immense œuvre collective qui porte son nom, et comment tous à la fois et sans préparation arrivaient à interpréter avec tant de précision et d'unité la pensée multiple de son génie. Dans l'enivrement de la joie et dans la reconnaissance pour ces Dieux qui l'avaient sauvée des barbares, la Grèce éleva partout leurs images; elle se couvrit de temples et de statues. Pausanias les décrit, pour la honte des siècles destructeurs et l'éternel regret de l'avenir. Que sont devenues tant de sublimes pensées? Quelques fragments, échappés au marteau et retrouvés sous les buissons de la Grèce ou de l'Italie, voilà tout ce que le monde a conservé de ces statues, plus nombreuses que le peuple qui les admirait.

Les Athéniens passaient pour la nation la plus religieuse de la Grèce; leurs Dieux protecteurs sont les Dieux du travail et président à toutes les formes de l'activité humaine. Les grandes Déesses d'Éleusis enseignèrent l'agriculture aux hommes. La navigation, et le cheval qui en est l'image, sont des présents de Poseidon. L'ouvrière Athènè, associée par le dogme, le culte et la légende avec Prométhée et Hèphæstos, représente avec eux le feu céleste, ce feu artiste, comme l'appelèrent les Stoïciens, cette force intelligente qui anime la matière et donne la vie aux formes idéales. Cette puissance créatrice que l'homme partage avec les Dieux, il semblait juste qu'il la consacrât à ces Dieux dont il est l'image, et que cette noble image lui servît de modèle pour traduire la pensée religieuse dans la langue la plus claire pour les Grecs, la langue de l'art. Dans la sculpture comme dans tout le reste, Athènes tient le premier rang et semble résumer la pensée grecque ; religion, art, industrie, poésie, histoire, éloquence, philosophie, commerce, toutes les branches du travail humain y sont cultivées et honorées, et y arrivent au degré suprême de leur développement. Si la Grèce a plus fait pour la civilisation du monde que tous les autres peuples ensemble, Athènes y a plus contribué que tout le reste de la Grèce.

Dans l'ordre intellectuel, les titres d'Athènes à la reconnaissance de l'humanité ne sont pas contestés ; mais elle en a peut-être de plus solides et de plus glorieux encore dans l'ordre moral : sa passion pour la justice, son culte fervent de la loi, son infatigable persévérance dans la lutte pour la liberté, lutte sans trêve, au dedans et au dehors, contre l'usurpation et l'oligarchie, contre la Perse et la Macédoine, contre les trahisons des chefs qui avaient sa confiance. Les obstacles ne lui ont pas manqué, mais aucun danger n'a pu l'effrayer, aucun revers n'a pu l'abattre ; elle a conquis la démocratie, et, ce qui est plus difficile encore, elle a su la conserver. Si la constitution de Solon avait été une œuvre individuelle, elle n'aurait eu qu'une existence éphémère, comme il arrive toutes les fois que quelques âmes généreuses veulent élever à la démocratie un peuple incapable d'en comprendre les droits et d'en pratiquer les devoirs. A Rome, les Gracques succombèrent devant cette tâche impossible. Un peuple n'a de droits qu'à la condition de savoir les défendre. La loi est sous la garde de tous ; lorsqu'elle est violée dans un seul citoyen, tous doivent se lever pour elle, et, selon le mot de Solon, quand un seul membre est blessé, le corps tout entier doit sentir la blessure. Cette force du lien social, ce profond sentiment du droit et du devoir, cette union suprême de la justice et du courage, est la plus haute expression de la moralité humaine. C'est bien plus que la résignation stoïcienne; c'est l'active énergie de la lutte, c'est l'absolu dévouement de chacun à autrui. Et comme cette vertu, la plus difficile de toutes, est la première condition de la démocratie, il ne faut pas s'étonner si cette forme politique apparaît si rarement dans l'histoire. Il ne suffit pas de la désirer, il faut la mériter ; ce n'est pas assez des aspirations ardentes de quelques-uns, il faut la ferme résolution, la persistante volonté de tous. Athènes est restée et restera le type de la démocratie, parce qu'aucun peuple n'en a été plus digne.

Non contente de travailler à sa liberté, Athènes

combattit pour l'indépendance de tous, et, comme elle défendit toujours la même cause, elle peut être aussi fière de sa défaite à Chéronée que de ses victoires à Marathon et à Salamine. Athènes porta seule tout le poids de la première invasion des Mèdes, et, plus qu'aucune autre ville, elle eut à souffrir de la seconde. Plus qu'aucune autre aussi, elle contribua au succès de cette grande guerre nationale, qui commença peu après l'expulsion des Pisistratides, lorsque Athènes était encore dans l'enivrement de sa démocratie reconquise : « Une preuve, entre bien d'autres, des avantages de l'égalité, dit Hérodote, c'est que les Athéniens, tant qu'ils furent soumis à la tyrannie, ne l'emportèrent sur aucun de leurs voisins, tandis qu'aussitôt délivrés, ils devinrent de beaucoup les premiers. »

Pendant la guerre du Péloponèse, quand les Grecs se déchiraient entre eux comme cette moisson guerrière née des dents du dragon qui se fauchait elle-même dans les sillons d'Æétès, la pensée se reportait avec bonheur vers les souvenirs sacrés des guerres Médiques. Les deux républiques dont, depuis, la rivalité ensanglanta la Grèce brillaient alors comme deux astres jumeaux dans une commune auréole. Auprès d'elles, comme des satellites enveloppés dans leur lumière, les petites cités de Platée et de Thespies, et bien d'autres peuples qui devinrent ennemis plus tard, s'étaient unis devant le danger de la patrie commune, et avaient scellé leur alliance par la sainte fraternité des champs de bataille. Alors tous avaient fait leur devoir, les vieillards et les femmes, les hommes et les Dieux. Les miracles n'avaient pas manqué : le Dieu de Delphes avait défendu son temple en écrasant sous les rochers du Parnasse l'armée sacrilége des barbares ; la redoutable égide avait dispersé leurs navires, et la mer sacrée d'Hellè, s'indignant d'être esclave, avait rompu ses chaînes pour fermer la voie du retour. Mais le plus étonnant de tous les prodiges, c'était l'énergie surhumaine inspirée à tout un peuple par la confiance de sa mission divine ; c'était ce vertige d'héroïsme quand la résistance paraissait impossible.

La Grèce mériterait la première place parmi les nations, lors même qu'elle n'aurait ni ses artistes, ni ses poëtes, ni ses hommes d'État, ni ses philosophes, ni ses orateurs ; car, au-dessus de cette liste interminable de grands hommes, il y a le dévouement obstiné d'un peuple marchant dans l'orgueil de sa force à la défense du droit et de la liberté. S'il y a quelque chose d'aussi beau qu'un chant d'Homère, c'est l'inscription des Thermopyles : « Passant, va dire à Sparte que nous sommes morts ici pour obéir aux lois ; » c'est l'héroïque énergie des Athéniens en présence de leur ville en flammes. Pas une heure de découragement, de doute et de désespoir ; personne ne songe à la soumission ou à la fuite : s'en aller fonder une colonie lointaine, ce serait affaiblir la flotte de la Grèce, et ce peuple, qui n'a plus de patrie, veut défendre la patrie des autres peuples, ses frères. Ce sacrifice volontaire, cette abnégation unanime d'une nation pour le salut des autres, c'est là un grandiose et merveilleux spectacle que le monde ne reverra plus. La Grèce n'est qu'un point dans l'histoire, mais comme le soleil n'est qu'un point dans l'infini du ciel ; le soleil a ses taches, et la Grèce aussi a ses fautes : mais elles disparaissent toutes dans la traînée lumineuse de cette journée de Salamine, dont Démosthènes évoquait le souvenir après le désastre de Chéronée.

Si on nous accusait d'avoir trop exalté la morale sociale de la Grèce primitive, cette morale populaire qui ne se traduisait pas par des préceptes et des sentences, mais qui produisait de si grandes actions et de si grands peuples, nous renverrions à cette magnifique épopée des guerres médiques, la plus belle page de l'histoire du monde. Mais il n'y a pas besoin d'excuse à l'amour filial et au culte de la patrie, et nous sommes les enfants d'adoption de la Grèce, les humbles et fervents disciples de sa féconde et glorieuse pensée. Quelques feuillets épars, quelques débris de marbre, ont suffi pour l'initiation des temps nouveaux. Quand ces types divins reparurent, mutilés par l'injure du temps ou l'impiété des hommes, mais toujours souriants et calmes, on s'étonna de leur éternelle jeunesse, de leur inaltérable et sereine beauté. Désespérant de dépasser la Grèce et même de l'atteindre, le seizième siècle se contenta de l'admirer et de la suivre, et il ne fut si grand que parce qu'il sut comprendre et continuer son œuvre. Il salua la renaissance de la Grèce, il crut voir son âme s'élancer du tombeau, rayonnante comme un phare, enveloppée d'une vapeur d'aurore, et le monde sortit de la grande nuit. On sut jusqu'à quelles cimes lumineuses pouvaient monter la force et le génie de l'homme.

C'est là le plus grand bienfait de ces nobles études classiques dont le développement, chez les peuples modernes, donne la mesure de leur civilisation. Elles ne forment pas seulement des lettrés, mais des hommes; au milieu de la tempête des intérêts déchaînés, elles gardent le dépôt de la flamme sacrée dans le sanctuaire de l'idéal. La Grèce fait pour nos fils ce qu'elle faisait pour les siens; elle leur enseigne l'une par l'autre les lois éternelles; elle les conduit par le chemin du beau à la connaissance du vrai et du juste. Dans la morale, comme dans l'art, elle occupe le point culminant de l'histoire. Aucun rêve ne fut plus beau que le sien, et aucun peuple n'approcha plus près de son rêve. A ceux qui soutiennent que la civilisation énerve les races; à ceux qui confondent l'art avec le luxe, et qui, au nom de la morale, maudissent la poésie et le culte de la beauté, on peut répondre que le peuple qui a produit les plus splendides chefs-d'œuvre de la pensée est aussi celui qui a laissé les plus grands exemples de toutes les vertus, et que nous devons autant de respect à son héroïsme que d'admiration à son génie. Grâces en soient rendues à ses Dieux protecteurs, aux Dieux de la beauté, enfants de la lyre d'Homère, aux Muses, à la Sagesse antique sortie tout armée du large front de Zeus, et à la Terre féconde, nourrice des héros.

TABLE DES MATIÈRES

INTRODUCTION.

Pages.

Morale populaire antérieure à la philosophie; on peut la retrouver dans les traditions religieuses, les légendes héroïques et les législations. — Les poetes, premiers historiens et premiers théologiens de la Grèce. — Les philosophes, après avoir attaqué la mythologie, la transforment. — Nécessité de rendre à chaque époque et à chaque doctrine ce qui lui appartient. 1

CHAPITRE PREMIER.

DE LA NATURE DES DIEUX, DU CULTE DES HÉROS, ET DE L'IMMORTALITÉ DE L'AME.

Premières notions religieuses des Grecs. — Pourquoi ils ont donné aux Dieux des attributs humains. — Caractères généraux du polythéisme hellénique; pluralité des causes; les Dieux et les Titans, les Forces domptées par les Lois. — Aspects multiples des mythes; exemples. — Les Demi-dieux et les Héros; conséquences morales de leur culte. — L'immortalité de l'âme dans les poëtes épiques; sanction religieuse de la loi morale. 13

CHAPITRE II.

RAPPORTS DE L'HOMME AVEC LES DIEUX. CARACTÈRE DU CULTE HELLÉNIQUE.

L'harmonie du monde produite par la lutte des principes contraires, luttes des Dieux les uns contre les autres; des Dieux contre les

Titans et les Géants ; de l'homme contre les Dieux, ou résistance de l'homme au monde extérieur. — Hèraclès et Prométhée. — La destinée chez les poetes grecs n'est qu'une forme abstraite des lois divines ; son accord avec la liberté humaine. — La divination et les oracles. — La prière ; les sacrifices ; les fêtes publiques. 37

CHAPITRE III.

CONSÉQUENCES PRATIQUES DE L'HELLÉNISME. MORALE SOCIALE. INDUSTRIE. ART.

Développement parallèle du corps et de l'esprit. — Droit et devoir. — La cité grecque ; l'autonomie et l'isonomie, le courage et la justice. — Force du lien social chez les Grecs. — Le polythéisme grec comparé, dans ses conséquences morales, avec le panthéisme indien et le dualisme iranien. — Le travail, base de la propriété en Grèce. — Agriculture et industrie. — Comparaison de l'art grec et de l'art égyptien ; parallèle de l'art et de la morale.. 71

CHAPITRE IV.

DE LA FAMILLE CHEZ LES GRECS. MORALITÉ DES POEMES D'HOMÈRE.

Passage de la polygamie orientale au mariage grec indiqué par le rôle d'Hèrè dans les poetes. — La femme, épouse et mère de famille, dans la poésie homérique : Andromaque, Arètè, Nausicaa, Pénélope. — Sentiments de famille dans Homère : Anticlée, Priam, Laerte. — Enseignement moral de la poésie par les exemples et les contrastes : Hélène, Clytemnestre, Antigone.. 101

CHAPITRE V.

MORALE POLITIQUE ET ÉCONOMIE SOCIALE DE LA GRÈCE AUX TEMPS HÉROIQUES.

Caractères des royautés héroïques ; Zeus dans l'Olympe et Agamemnon dans le camp ; commandement militaire et présidence des assemblées populaires. — Hiérarchie sociale indécise. — Propriété individuelle. — La servitude, conséquence de la piraterie. — Conditions des serviteurs dans les poèmes d'Homère : Eumée, Philœtios, Euryclée. — Défauts et qualités de la société héroïque. — Caractère sociable des Grecs; respect des vieillards; amitié : Achille; hospitalité : Alkinoos 128

CHAPITRE VI.

POÉSIE MORALE ET DIDACTIQUE D'HÉSIODE. LA JUSTICE ET LE TRAVAIL.

Le mythe de Pandore et le mythe des âges; lien qui rattache ces traditions à la pensée générale du poeme d'Hésiode. — Allusions à la position du poete et à la société de son temps. — Caractère moral de la poésie d'Hésiode : Éloge de la justice et du travail Son caractère didactique : Conseils pratiques donnés aux laboureurs. 179

CHAPITRE VII.

LE COMMUNISME ARISTOCRATIQUE DE SPARTE. LYCURGUE, TYRTÉE.

L'Invasion dorienne et ses suites. — Asservissement de l'ancienne population dans une partie de la Grèce. — Les citoyens, les sujets, les serfs. — Coup d'œil sur les institutions de Sparte; leurs conséquences morales : courage, dévouement, culte de la patrie. — La poésie de Tyrtée, son caractère moral : l'honneur récompense de la vertu. — Tendances communistes des institutions de Lycurgue. . . 193

CHAPITRE VIII.

DE LA VIE POLITIQUE DANS LES CITÉS GRECQUES. THÉOGNIS.

Abolition de la royauté dans les cités grecques. — Dissensions politiques. — Allusions de Théognis aux troubles de Mégare. Son exil et ses colères. Ses opinions sur la nature humaine. Ses erreurs. Caractère mélancolique de sa poésie et de celle de Mimnerme. — Doutes et découragement de Théognis devant le spectacle du mal sur la terre. Ses retours à l'énergie : hymne à l'espérance et éloges de la force morale. 215

CHAPITRE IX.

SOLON POÈTE ET LÉGISLATEUR. LA DÉMOCRATIE D'ATHÈNES. CONCLUSIONS

Pages

Traditions des Athéniens sur l'origine de leur législation. — Factions politiques à Athènes. — Médiation de Solon. — Caractères généraux de ses lois politiques. — Lois civiles; le mariage et la famille. Éducation des enfants et serment des Éphèbes. Loi contre la paresse. — Les Pisistratides. — Réforme de Clisthènes — Les étrangers et les esclaves. Ce qu'était la servitude à Athènes Affranchissement. — L'ostracisme — Les complots oligarchiques. — Attachement des Athéniens à leurs traditions; leurs luttes pour le maintien de la démocratie; leur caractère. — L'art à Athènes. — Athènes est un résumé de toute la Grèce. — Application des principes de la morale grecque à l'histoire des guerres médiques. — Titres de la Grèce à la reconnaissance de l'humanité. 237

FIN DE LA TABLE DES MATIÈRES

Vu et lu,
à Paris, en Sorbonne, 22 mai 1860,
par le doyen de la Faculté des lettres de Paris,

J. VICT. LECLERC.

Permis d'imprimer :
p^r le vice-recteur,
l'inspecteur de l'Académie,

BOUILLET.

www.ingramcontent.com/pod-product-compliance
Lightning Source LLC
Chambersburg PA
CBHW070748170426
43200CB00007B/696